KB266515

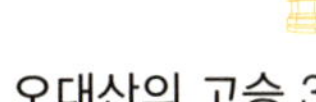

나옹 선사

시대를 깨우고 백성을 품다

나옹 선사

시대를 깨우고 백성을 품다

글 —

이
정
범

민족사

머리말

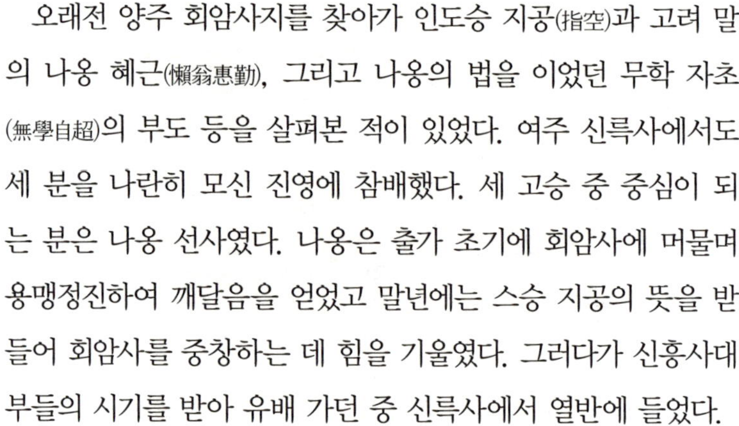

　오래전 양주 회암사지를 찾아가 인도승 지공(指空)과 고려 말의 나옹 혜근(懶翁惠勤), 그리고 나옹의 법을 이었던 무학 자초(無學自超)의 부도 등을 살펴본 적이 있었다. 여주 신륵사에서도 세 분을 나란히 모신 진영에 참배했다. 세 고승 중 중심이 되는 분은 나옹 선사였다. 나옹은 출가 초기에 회암사에 머물며 용맹정진하여 깨달음을 얻었고 말년에는 스승 지공의 뜻을 받들어 회암사를 중창하는 데 힘을 기울였다. 그러다가 신흥사대부들의 시기를 받아 유배 가던 중 신륵사에서 열반에 들었다.

　이렇게 보면 회암사는 나옹과는 불가분의 관계에 있는 도량이라 할 수 있다. 다만 나옹이 회암사에 정착하기 전까지 머물던 여러 수행처 중 가장 중요한 곳이 있었으니 바로 오대산이었다. 단적으로 말해 오대산은 법을 얻은 나옹 선사가 중생 제도를 위해 머물던 정신적 충전소와 같은 곳이었다.

회암사지를 다녀온 뒤 나옹 선사의 발자취를 정리해 보겠다는 다짐을 가지게 되었다. 그런데 이런저런 일에 치이다 보니 좀처럼 그의 이야기를 쓸 기회가 없었다.

그렇게 몇 년이 지난 2025년 이른 봄이었다. 월정사 정념 큰스님께서 한국 불교의 성지인 오대산에 주석하셨던 역대 고승들의 이야기를 시리즈로 펴내기로 하셨다는 소식을 들었다. 오대산은 자장 율사를 비롯해 한국 불교사에 큰 자취를 남긴 고승들이 머무신 곳이다. 그런 고승 중 어떤 분에 관심이 있느냐는 민족사 사기순 주간의 물음에 필자는 망설임 없이 나옹 선사를 선택했다.

책을 쓰는 과정에서 정념 큰스님의 원력에 깊이 감화되었다. 그동안 불교계에서는 시대에 맞는 문화 콘텐츠를 개발하고 대중들이 호응할 수 있는, 이른바 '소프트웨어 불사'에 소극적이었다. 정념 큰스님이 추진하시는 이 '오대산의 고승' 시리즈는 그런 점에서 신선한 충격을 주었다. 우리 불교계의 정신·문화적인 내실을 다지기 위해서라도 꼭 필요하지만 쉽게 마음을 낼 수 없는 일이기 때문이다.

나옹 선사는 회암사에서 크게 깨닫고 난 뒤 원나라로 건너가 당시 고려인들에게 절대적인 추앙을 받았던 지공 선사와 임제종 법맥을 정통으로 계승한 평산 처림 선사에게 인가받고 자신의 깨달음을 더욱 심화했다.

10년 유학 끝에 그가 귀국했을 때의 고려는 출국 전과 전혀 다른 상황이었다. 지공 선사의 당부를 받들어 회암사로 돌아갈 만한 형편이 아니었다. 그렇다 보니 한동안 방방곡곡을 떠돌며 법을 펴거나 인연 있는 도량을 중창하며 지냈다. 그 후 자신의 생애에서 황금기에 해당하는 세월을 오대산에서 주석했다.

앞서 말한 대로 나옹의 말년은 서글픈 서사를 이루고 있지만 그의 가르침과 영향력은 오늘날까지 이어지고 있다. 이를테면 그가 남긴 '나옹삼가'는 수행자들의 마음가짐을 다지게 하는 지침이 되었고, 오늘날 대부분의 사찰에서 조석 예불 때 외우는 '행선축원'은 가정이나 개인의 행복을 넘어 모든 중생과 국토의 평화와 안녕을 기원하는 마음가짐을 일깨워 주고 있다. 또한 그가 지은 것으로 알려진 '청산가'는 일반 불자들이 붓다의 가르침을 쉽게 이해하고 실천하게 하는 노래로 지금도 많은 대중의 사랑을 받고 있다.

57세로 열반한 나옹 선사가 오대산에 머문 것은 2~3년 남짓이었다. 그럼에도 그가 오대산에 남긴 자취는 가볍지 않다. 그의 유언에 따라 제자들이 오대산의 여러 사암을 중창했다는 기록이라든가 나옹 선사가 신통력으로 16나한상을 이운했다는 전설, 이와 관련해 오대산 일대에 전하고 있는 전나무, 칡 뿌리, 콩비지 이야기 등을 단적인 예로 들 수 있다. 한편 북대 상두암으로 찾아온 환암 혼수 선사에게 법을 전했으며 그 뒤 환암이 고려의 마지막 국사로 책봉된 것은 당시 나옹의 영향력이 매우 컸음을 반증하고 있다.

나옹 선사는 철저한 수행으로 깨달음을 얻은 뒤 쓰러져 가는 고려 말의 불교를 중흥시키기 위해 여러 사찰을 중창했고 많은 가사와 게송을 지어 중생 교화에 힘쓴 분이다. 그 결과 당시 민중들에게 '살아 있는 부처님'으로 추앙받았다. 그렇기에 정념 큰스님은 나옹 선사를 일컬어 '고려 말의 슈퍼스타'라 하셨고 나옹 선사가 머물며 법을 폈던 오대산 상두암(미륵암) 일대를 오늘날 조계종 법통의 시작점으로 보고 계신다.

이 책에 서술된 나옹의 생애는 여러 학자의 연구 논문이나 번역, 저술 등에 바탕을 두었지만 기록에 없는 일부 인물이나 사건은 이야기를 잇기 위해 지어낸 허구임을 밝힌다.

많은 독자들이 나옹 선사의 삶과 사상을 오대산의 감로수나 맑은 공기처럼 음미할 수 있길 기대한다.

2026년 3월
이정범 두 손 모음

프롤로그

  압록강 변에 세워진 국경 검문소는 그가 고려 상인들과 어울려 원나라로 건너갔던 10년 전이나 다름없어 보였다. 하지만 그때와 지금의 두 나라 성세는 크게 바뀌었다. 원나라에선 곳곳에서 반란이 일어나 조정 대신들이 우왕좌왕했으며 고려에선 공민왕의 반원 정책이 펼쳐지면서 부원배들과 권문세족들의 다툼으로 혼란스러웠다. 더구나 왜와 홍건적의 침입으로 백성들의 눈빛에는 불안이 서려 있었다.

  그는 왕과 권문세족이 있는 개경으로 가는 대신 발길 닿는 대로 걸음을 옮겼다. 묘향산과 금강산을 지나 태백산, 속리산, 지리산, 가야산을 거닐었다. 가다가 암자를 만나면 그곳에서 하룻밤을 머물렀고 때로는 초막에서 잠을 청하기도 했다. 어느 때는 나무 아래에서 밤을 지새우며 질리도록 밤하늘을 올려다본 적도 있었다.

한때 회암사에서 함께 수행하던 도반들을 만나 법담을 나누기도 했고 원나라 법원사로 유학한 제자 무학 자초가 찾아왔을 때는 법을 전하기도 했다. 여러 스님이 하룻밤 머물고 떠나려던 그의 소매를 잡아끌었다. 오랫동안 머물며 법을 펴 달라고 청하기도 했고 아예 절을 중창해 달라며 떼를 쓰는 도반도 있었다. 그러는 동안 계절이 여덟 번쯤 바뀌었고, 그의 발자국은 삼천리 방방곡곡에 남았다.

구름처럼 떠돌며 그는 생각했다. 언제, 어디에서 부처의 가르침을 펼칠까. 그렇게 하기 위해 준비할 일은 무엇인가. 그러던 어느 날, 그는 자신이 정착할 곳을 정했다. 바로 오대산이었다. 그는 출가 후 회암사에 머물기 전의 방랑기에도 이미 오대산을 찾은 적이 있었다. 오대산은 문수보살이 상주하는 곳으로 알려진 불법(佛法)의 성지이며 산세가 웅장해 속세의 번뇌가 미치지 못하는 영산이었다. 더구나 영험이 있어 진정한 도를 닦을 수 있는 수행처였다.

그는 오대산을 향해 바삐 걸음을 옮겼다. 그리하여 1361년 초여름에 마침내 오대산 자락에 당도했다. 다섯 봉우리가 연꽃처럼 피어난 산세, 맑은 계곡물 소리, 그리고 깊은 숲속에서 들려오는 새소리. 그곳에서는 무언가 다른 기운이 전해졌다. 10년 동안 원나라에서 펼친 구법의 여정, 그리고 2년 남짓 유랑 끝에 드디어 찾은 안식처.

그는 천천히 산을 올랐다. 그 발걸음은 가벼우면서도 무거웠다. 이제 더 이상 떠돌지 않아도 되리라는 안도감과 앞으로 펼쳐야 할 법의 무게를 동시에 느꼈기 때문이다. 신라 시대부터 불교의 성지로 여겨지던 월정사와 상원사, 그리고 적멸보궁을 참배한 뒤 그가 올라간 곳은 처음 찾게 된 북대 상두암(象頭庵)이었다.

상두암은 그가 지공 선사에게 가르침을 받았던 대도의 법원사나 주지로 있었던 광제선사에 비해 턱없이 작고 허름한 암자였다. 하지만 그곳에서 바라본 산하는 가히 절경이었다. 아침이면 운해(雲海)가 산을 뒤덮어 마치 구름 위에 앉아 있는 듯했고, 저녁이면 노을이 하늘을 물들여 온 산을 황금빛으로 채웠다. 그러나 그의 눈에 들어온 것은 풍경이 아니라 공(空)이었다. 그 아름다움조차 실체가 없는 환영일 뿐, 진정한 법계(法界)는 그 너머에 있었다.

1장

오대산이 맺어준 인연

오대산 상두암

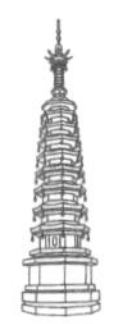

　상두암(象頭庵; 현재의 북대 미륵암)은 조용했지만, 아예 인적이 끊어진 암자는 아니었다. 하루나 이틀 정도 머물다 떠나는 객 승도 있었고 산나물을 채취하러 올라왔다가 잠시 들러 샘물을 마시고 내려가는 사람들도 있었다. 또 가족과 자식들 잘되라며 기도하러 오는 불자들도 사나흘에 한두 명 정도는 상두암을 찾고는 했다.

　각운(覺雲)은 그런 암자에 머물며 나름 열심히 살았다. 하지만 각운처럼 법랍이 짧은 수행자가 인적이 드문 암자에서 혼자 지내는 건 힘든 데다 자칫하면 수행에 게을러지기 십상이었다. 각운은 새벽예불부터 저녁예불 때까지 날마다 같은 일과를 반복했다. 예불 외에 밥과 반찬 만드는 일이나 땔감 마련과 법당 청소, 빨래까지 많은 일이 그의 손길을 기다렸다. 매일 바쁘게 지내다가 언제 참선 수행을 하고 깨달음을 얻게 될

지 기약도 없었다.

그렇게 각운이 상두암에서 지내길 열 달 남짓 지났을 때였다. 하루는 40대 초반쯤 되어 보이는 스님이 찾아와 물었다. 누더기 승복 차림이었다.

"이곳이 북대가 맞소?"

각운이 공손히 답했다.

"그렇습니다만…."

각운이 보기에 객승의 옷차림은 누더기였지만 왠지 편안하고 푸근해 보였다. 크고 작은 사각형이나 다각형으로 자른 천을 여기저기 덧대어 꿰맨 모습이 누추해 보이기는커녕 뭔가 신선하고 도가 높아 보였다. 각운은 오래전 사형(師兄)이 들려주었던 부처님 분소의(糞掃衣) 이야기가 떠올랐다.

"옛날 부처님은 분소의를 입고 다니셨대."

"분소의가 뭔데요?"

"말 그대로 똥을 닦던 천으로 만들어 입은 옷이라는 뜻이지."

"네에? 똥 닦던 천이라니요? 부처님이 설마 그런 옷을 입으셨을라구요."

그가 못 믿겠다는 표정을 짓자, 사형은 자세한 설명을 덧붙였다.

"부처님과 제자들은 입던 승복이 낡고 해지면 사람들이 똥을 닦다가 버린 천을 주워다 조각조각 잘라 자기 옷의 해진

부분에 기워 입었어. 그런 옷을 분소의라고 불렀대. 실제로 똥을 닦았던 천을 입었다는 게 아니라 더는 쓰지 못하게 된 천으로 옷을 기워 입었다는 뜻이겠지. 그렇게 입다가 그 옷마저 입지 못할 정도로 닳아 너덜너덜해지면 어쨌을까?"

"글쎄요."

"그럴 땐 옷을 잘게 썰어서 진흙에 섞어 흙벽돌을 만들었대. 버릴 게 하나도 없었던 거지. 하지만 우리 같은 중들은 그렇게 하지 못할 거야. 부처님이나 그 제자들 정도의 법력이 있으니까 그런 분소의를 기꺼이 입으셨을 테지."

각운은 그런 이야길 듣기는 했지만 정작 누더기 승복을 입은 스님을 본 것은 그때가 처음이었다.

"그렇다면 내가 제대로 찾아왔구먼."

객승은 그렇게 말한 뒤 상두암 주위를 천천히 돌아보았다. 오대산 상원사 북쪽 봉우리는 코끼리 머리를 닮았다 하여 상왕봉(象王峰)으로 불린다. 아울러 그 중턱에 세워진 암자는 상두암이라 부른다.

"미안하네만 물 한잔 마실 수 있겠나? 산길을 올라왔더니 목이 마르군."

객승의 말이 떨어지기가 무섭게 각운은 꼭두각시처럼 움직였다. 잰걸음으로 공양간으로 들어간 그는 그날 새벽에 길어다 둔 샘물 한 바가지를 떠서 객승에게 공손히 바쳤다.

그 샘물을 천천히 들이킨 객승이 물었다.

"내가 한동안 이 암자에서 머무를까 하는데 괜찮겠나?"

각운은 마침 잘됐다 싶었다. 지난날 상두암에 머물던 사형이 자신에게 그랬던 것처럼 자신도 누더기 스님한테 암자를 맡기고 훌훌 떠나면 될 일이었다. 아니 그 스님을 보자 그렇게 하고 싶었다.

"여부가 있겠습니까? 얼마든지 머무셔도 됩니다."

"고마운 일이군. 한데 수좌의 법명은 뭐고 언제부터 여기서 지냈나?"

객승의 질문에 각운은 간단한 자기소개와 법명을 밝혔다.

"저는 재작년 봄에 굴산사(崛山寺)로 출가해 행자 생활을 마쳤고 사형을 따라 이곳까지 왔다가 지금은 혼자 지키고 있습니다. 제 법명은 각운이라 하고요."

"허허, 각운이라는 법명이 좋구먼. 그런데 굴산사로 출가했단 말이지? 그러면 나와는 같은 집안이로군."

객승이 대꾸하자 각운은 같은 집안이란 게 무슨 말인지 알쏭달쏭해졌다.

"그건 무슨 말씀이신지요?"

"나 또한 사굴산문 출신이란 말일세."

구산선문의 하나인 사굴산문은 신라 때의 범일(梵日) 국사가 중국 유학을 다녀와 개창한 산문이다. 구산선문은 신라 말에서 고려 초기 사이에 전국 각 지방의 산에 흩어져 있던 아홉 개 선종 산문을 일컫는다. 주로 당나라로 유학을 다녀온 선승들이 각 지방 호족이나 부호들의 지원으로 선문을 세웠다. 그렇기에 지방 호족들의 세력을 강화하는 데 이바지했고 나중엔 후삼국을 통일하는 데도 중요한 역할을 했다.

구산선문의 하나인 사굴산문은 각운의 출가 본사인 명주(강릉) 굴산사를 근본 도량으로 삼는다. 범일 국사가 846년(신라 문성왕 8)에 세웠으며 구산선문 중 가장 번창한 선문으로 손꼽힌다. 범일 국사는 당나라로 유학해 염관 제안(鹽官齊安) 선사로부터 법을 이은 뒤 귀국한 직후 굴산사를 창건하고 사굴산문을 세웠는데 그 뒤 경문왕, 헌강왕, 정강왕 등으로부터 존숭을 받았다.

범일에게는 개청, 행적 등 10대 제자들이 있었고 그 뒤로 수많은 선사들이 배출되어 사굴산문의 종풍을 이어 나갔다. 특히 고려 후기에는 보조 국사 지눌이 사굴산문뿐만 아니라 한국불교를 중창한 것으로 잘 알려졌다. 처음 사굴산문의 본산인 굴산사로 출가했던 지눌은 스물네 살 때 승과에 급제했으나 벼슬을 지내기보다 정혜결사에 뜻을 두고 고려 승가를 개혁하려고 했다. 그 뒤 뜻을 함께하는 도반들과 훗날을 기약하고는 여러 도량에서 참선 수행과 교학을 함께 익히는 데 힘쓰다가 나중에는 송광사를 중창하고 정혜결사를 주도하여 고려의 승가를 일신하였다. 이후 사굴산문은 구산선문 중 가장 대표적인 가문으로 주목받게 되었다. 가까운 오대산의 여러 사찰들도 사굴산문의 영향권에 있었다.

각운은 누더기 객승이 같은 사굴산문 출신이라는 말이 반가우면서도 한편으론 조심스러웠다. 속가로 치면 같은 집안 어른이시니 언행을 더욱 조심해야 했기 때문이다.

"네에, 그러시군요. 하오면 스님 존함은 어찌 되시는지요?"

각운이 같은 사굴산문 출신이라고 밝힌 객승에게 물었다.

"법명은 혜근(惠勤), 법호는 나옹(懶翁)이라고 하네."

그 답변을 듣던 각운은 소스라치게 놀라며 바로 엎드려 큰절을 올렸다.

'말로만 듣던 나옹 스님이 상두암으로 오시다니….'

그로선 상상도 하지 못한 일이 벌어진 셈이었다. 그 누더기 스님에게 상두암을 맡기고 떠나려던 마음은 어느새 안개 걷히듯 사라졌다. 떠나기는커녕 스님을 평생 시봉하며 법을 여쭙고 진리를 깨닫겠다는 다짐이 가슴에서 차올랐다.

"소승, 큰스님을 몰라뵈어 송구합니다."

삼배를 마친 각운이 고개 숙여 사죄했다.

각운이 들은 소문에 따르면 나옹 선사는 이태 전인 1358년(공민왕 7)에 원나라에서 귀국한 고승이시다. 나옹 스님은 원나라에 머물 때 천축국 출신인 지공 스님을 비롯해 평산 처림 선사 등 중국의 내로라하는 고승들로부터 인가를 받았다. 그 후 원나라 황제와 황실로부터 귀한 대접을 받았고 심지어 대도에 있는 광제선사(廣濟禪寺)의 주지를 지내기도 했다. 황제로부터 광제선사의 주지직을 임명받았다는 것은 고려인들 전체의 자랑거리였다. 각운과 같은 수행자 입장이라면 더욱 어깨를 으쓱일 만큼 자부심을 주는 일이었다.

그런 나옹 스님이 이태 전에 귀국한 뒤로는 이렇다 할 근황이 전해지지 않았다. 그렇기에 각운은 자신이 머물던 오대산 상두암에서 나옹 선사를 뵙게 될 줄은 꿈에도 몰랐다.

나옹이란 이름은 '게으른 노인'이라는 뜻이다. 그러나 각운이 처음 뵈었던 나옹 선사는 기껏해야 삼십 대 후반이나 사십 대 초반쯤 될 듯했다. 아직 '늙은이 옹' 자를 법호로 정할 만한 연세는 아닌데 왜 나옹이라는 이름을 가지셨을까.

수행승들의 법호는 스스로 짓는 경우도 간혹 있지만, 깨달음을 인가받을 때 법사스님이 지어 주는 게 일반적이다. 그렇다면 나옹의 깨달음을 인가한 인도 줄신의 시공 스님이니 임제종 18대손인 평산 처림 선사가 그 법호를 내렸을지도 모른다.

각운은 나옹이라는 법호를 스스로 지었든 스승이 지어 주었든 잘 어울리는 이름이라고 여겼다. 그 '게으른 늙은이'라는 이름이 모든 인위적인 것을 초월한 자연스러운 경지를 느끼게 했기 때문이다. 각운은 나옹 선사가 입고 있는 누더기 승복과 법호가 관련이 있을 것이라고 추측했다. 그 승복과 나옹 스님의 몸에 밴 풍모가 한 몸처럼 잘 어울려 보였기 때문이다.

누더기 승복과 관련해 훗날 나옹 선사는 백납가(百衲歌)라는 가사를 남겼다. 나옹은 백납가 외에 고루가(枯髏歌), 영주가

(靈珠歌) 등도 지었다. 이 가사들을 통틀어 '나옹삼가'라고도 한다. 나옹삼가는 나중에 그의 제자 고봉 법장(高峰法藏)이 각각의 가사를 확장해 『보제존자삼종가』라는 책으로 엮어 오늘날까지 전하고 있다. 이를테면 나옹의 백납가는 270여 글자, 40구로 이뤄졌는데 법장은 이것을 50수, 200구로 확장하였다. 이렇게 한 것은 법장이 스승의 사상과 정서를 정확하게 이해하고 있으며 스승 못잖은 문학적인 재능을 가졌기에 가능한 일이었다.

'백납'이란 백 번 기운 옷이라는 뜻으로 말 그대로 겹겹이 기운 누더기 옷을 가리킨다. 이 누더기는 스님들의 검소한 마음가짐과 투철한 수행 정신, 소박한 생활을 상징하며 두타행을 실천하는 수행자의 모습을 보여 주고 있다.

이 누더기 나에게 가장 잘 맞으니
겨울부터 여름까지 내내 입어도 편안하다.
누덕누덕 꿰매서 천 조각 만 조각 얽었으니
겹겹 기운 자리 시작과 끝을 알 수 없네.

때로는 자리가 되고 때로는 옷이 되어
철 따라 때 따라 어김없이 쓰이네.
이로써 잘 닦아서 만족할 줄 알게 되니
가섭 존자 남긴 자취 지금에도 남았구나.

한 잔의 차, 일곱 근 장삼

조주 스님 괜히 여러 번 장삼을 들었겠나.

천 가지 현묘한 말씀이 있다 한들

어찌 우리 불가의 누더기 장삼만 할까.

이 누더기 옷은 매우 편리하여

항상 입고 다녀도 하는 일마다 어울리네.

취한 눈으로 꽃을 보는 이, 누가 감히 입겠는가.

도에 묻혀 사는 이라야 지닐 수 있다네.

이 누더기 몇 해 동안

반은 바람에 날아가고 반만 남았네.

서리 치는 달밤 띠풀 암자에 홀로 앉았으니

안팎을 분간할 수 없이 온통 다 깜깜하네.

이 몸은 가난해도 도는 끝이 없어서

천만 가지 묘한 작용 다함이 없으니

누더기 옷에 어리석은 멍청이라 비웃지 말라.

일찍이 선지식을 찾아뵙고 진실한 가풍을 이었다네.

– 나옹 선사 '백납가' 중 일부

고려에서 가장 이름이 높은 고승을 자신이 지키고 있던 암

자에서 뵙게 된 각운은 모든 일들이 꿈만 같았다. 그러면서도 한편으로는 궁금했다. 그는 굴산사를 떠나기 전 나옹 스님이 귀국했다는 소식을 들은 바 있었다. 하지만 그 뒤의 근황에 대해선 까맣게 모르고 지냈다. 그가 생각하기로는 나옹 스님 정도의 고승이라면 그 일거일동이 온 나라에 전해지는 게 마땅했다. 그럼에도 나옹 스님의 동정은 별로 알려진 바가 없었다. 나옹 스님 스스로 조용히 숨어 살기로 했거나 아니면 각운이 상두암 같은 외진 곳에서 혼자 지내고 있어 근황을 모르고 있었기 때문인지도 모른다.

하루하루 무료하게 지켜왔던 상두암을 떠날까 싶었던 각운은 그때부터 마음가짐이 달라졌다. 나옹 스님을 스승으로 모시고 수행한다면 얼마나 큰 공부가 될까 싶어서였다. 나옹 선사는 가까이 모시는 것만으로 공부가 되고 수행이 익어가게 하는 고승이리라. 그래서인지 각운은 혼자 지낼 때는 가벼운 일을 하면서도 힘들고 지루했지만 나옹 선사가 오신 뒤로는 장작을 패고 온종일 지게질을 해도 즐겁고 하루하루가 새롭게 느껴졌다. 나옹 스님을 따라 참선할 시간이 기다려지곤 했다.

다만 같은 암자에서 나옹 스님을 모시면서도 각운이 직접 가르침을 받는 시간은 그리 많지 않았다. 그저 스승의 일거일동을 지켜보는 것만으로 저절로 공부가 되었다. 어느 때는 문답을 통해 진리에 한 걸음 다가서기도 했다.

"소승은 선사님을 뵙게 되어 영광입니다. 제가 앞으로 스승님으로 모셔도 되겠습니까?”

처음 나옹 스님이 상두암으로 오신 날, 각운이 조심스럽게 여쭸다. 나옹이 대꾸했다.

“부처님 앞에서는 모두가 평등한 법이니 나이나 지위가 무슨 소용이겠나? 오히려 내가 상두암을 지켜온 자네의 순수한 마음에서 배울 게 많구먼.”

각운의 얼굴엔 감동의 빛이 스쳤다. 그동안 홀로 지내며 느꼈던 외로움과 불안이 한순간에 사라지는 것 같았다.

“그렇다면…. 큰스님, 차라도 한 잔 드시겠습니까? 변변치 못하지만, 제가 산에서 직접 따온 찻잎으로 만든 차입니다.”

“고맙네. 그대의 정성스런 차 한 잔이면 더할 나위 없겠어.”

두 사람은 작은 법당 안으로 들어갔다. 각운이 조심스럽게 차를 우리는 동안, 나옹은 법당 안을 둘러보았다. 소박하지만 정갈하게 정리된 공간에서 젊은 수행자의 성실함이 느껴졌다.

“이 깊은 산중에서 홀로 수행하기가 쉽지 않았을 텐데, 어떻게 견뎠나?”

각운이 찻잔을 건네며 조심스럽게 대답했다.

“처음에는 무섭고 외로웠습니다. 하지만 처음 출가할 때 은사스님께서 하신 말씀을 되새기며 견뎌왔습니다. ‘산은 산이요, 물은 물이다.’라는 그 말씀을….”

나옹의 눈이 빛났다.

“허허, 그런가? 그렇다면 자넨 그 말을 어떻게 이해하고 있나?"

각운이 잠시 망설이다 입을 열었다.

"저는 모든 사물은 그 자체로 완전하다는 뜻으로 이해했습니다. 산은 산으로서, 물은 물로서 존재할 뿐이라는…."

"훌륭하구먼. 자네는 이미 깊은 이치를 깨달았어."

나옹이 고개를 끄덕이자, 각운은 얼굴을 붉혔다.

"부끄럽습니다. 아직 갈 길이 멀기만 합니다. 때때로 의심이나 번뇌가 일어날 때면…."

"그건 당연한 과정이라 할 수 있지. 의심 없는 깨달음이 어디 있겠나? 의심하고 또 의심하다가 어느 순간 확신이 서는 것이니 그 과정을 두려워하지 말게."

두 사람은 그날 밤이 깊도록 법담을 나누었다. 나이는 서로 달랐지만, 도를 구하는 마음은 하나였다. 오대산의 깊은 적막 속에서 두 마음이 하나로 어우러지며 진정한 법의 만남이 이루어지고 있었다.

며칠 지난 뒤였다. 각운은 저녁 공양을 마치고 법당에서 참선에 몰입했다. 밤이 깊어졌는지 법당 안에 밝힌 촛불 외에는 사방이 칠흑처럼 어두웠다. 각운은 화두를 깨뜨리느라 삼매경에 빠져 있었다. 그런데 언제 오셨는지 나옹 선사가 물었다.

"무엇이 네 마음을 어지럽혔느냐?"

각운의 마음을 훤히 알고 있다는 듯한 질문이었다.

"아까 저한테 뭔가 스치는 생각이 있었습니다. 하오나 그런

게 깨달음인지 아니면 마음이 일으킨 환상인지 알 수가 없어 괴롭습니다."

"그건 어떤 상태였지?"

"여태 저는 색즉시공이라는 것을 머리로만 알았는데 아까는 온몸으로 모든 존재가 공하다는 생각이 들었습니다. 하지만…."

"하지만?"

"저도 모르게 깨달음이란 것에 집착하고 있구나 싶었습니다. 이런 제가 진정한 깨달음을 얻을 수 있을까요?"

나옹이 조용히 고개를 끄덕였다.

"그건 그대가 참된 깨달음의 길로 한 걸음 내디뎠다는 징조야. 그대 스스로 집착하고 있었다는 걸 자각했다면 가능성이 있다는 뜻이지."

각운은 그 말을 듣자 혼란했던 마음이 점차 차분해졌다. 그날 밤 잠자리에 누운 그는 호흡을 가다듬는 중에 모든 사물이 멈춘 듯한 고요를 느꼈다.

짚신이 부처다

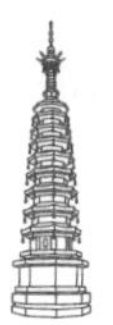

"참선하기에 좋은 바위로구나."

북대 상두암에 머물게 된 나옹이 이튿날 아침 각운의 안내로 암자 주변을 산책하다가 말했다. 상두암 북동쪽으로 난 오솔길을 조금 걷다 보면 상왕봉, 두루봉 등의 봉우리들이 병풍처럼 늘어선 게 한눈에 보이는 너럭바위가 있다. 각운은 그곳을 일 년 가까이 오가면서도 그 바위에 앉아 참선해 볼 생각을 하지 못했다. 그래서 나옹 스님의 안목이 역시 다르다며 깊이 감탄했다.

나옹은 상두암에 주석하게 된 후로는 날마다 아침 공양을 마친 뒤 그 너럭바위에서 참선 수행했다. 아울러 적멸보궁을 향해 매일 1,080배를 하며 정진하는 게 일과였다. 어느샌가 나옹 스님이 상두암에 주석하신다는 소문을 듣고 찾아온 비구와 불자들이 그곳에 함께 앉아 수행하게 되면서 그 너럭바위는 '나옹대'라는 이름을 얻게 되었다.

각운은 상두암으로 찾아오신 나옹 스님을 모시고 오대산 곳곳을 포행하는 게 재미도 있었고 그 과정에서 배우는 바가 많았다. 그리하여 월정사와 상원사는 물론 오대를 이루고 있는 중대 상원사 및 적멸도량과 동대, 서대, 남대 등에 자리 잡은 암자들을 두루 돌아보았다.

나옹은 출가 후 양주 회암사에 머물기 전까지 오대산을 돌아본 일이 있었다. 그땐 월정사와 상원사 및 적멸보궁을 참배했으나 그 밖의 암자들까지 살피진 못했다.

"각운아, 오늘은 관음암을 둘러볼 것이다."

"알겠습니다, 스님."

관음암은 오대산 동대를 이루는 관음도량을 기리킨다. 북대 상두암에서 관음암으로 가려면 우선 상원사를 거쳐 월정사 쪽으로 내려가다가 동피골에서 동북쪽 진고개로 거슬러 올라가야 한다. 그날 각운은 나옹 선사를 모시고 관음암까지 이르렀다.

나옹은 관음암 법당과 요사채 등을 구석구석 돌아보았다. 신라 때 세워진 암자라서 구석구석 손볼 곳이 보였고 기둥이나 서까래가 낡고 기울어 당장 고칠 곳이 한두 군데가 아니었다. 아예 모두 헐어내고 새 건물로 중창하는 게 나을 성싶었다. 나옹이 물었다.

"이 암자가 세워진 이야기를 들은 바 있느냐?"

각운이 답했다.

"한번 들은 적이 있습니다. 그러니까 신라 때 보천과 효명 태자가 이곳에서 지극한 마음으로 수행하다가 세운 암자라 합니다만⋯."

각운이 말끝을 얼버무리자, 나옹은 가만히 고개를 끄덕인 뒤 덧붙였다.

"나 또한 이곳이 평생 수행에만 힘쓴 보천 태자의 신심이 서린 곳이라고 들은 바 있다. 하지만 이 동관음암이 수행자들에게 더욱 유명해진 것은 구정(九鼎) 선사의 간절한 신심 때문이기도 하다지?"

그 말에 각운이 들뜬 목소리로 답했다.

"그렇습니다요, 큰스님."

각운은 '아홉 구 자'에 '솥 정 자'를 쓰는 구정 선사에 얽힌 이야기를 떠올리며 말씀드렸다.

"출가 전에 솥을 아홉 번이나 걸었다고 해서 구정이라 불렀다고 합니다."

그러니까 동대 관음암이 창건된 후의 일이다. 신라 땅을 두루 다니며 비단을 팔던 청년이 하루는 오대산 관음암까지 이르게 되었다. 그때 한 노스님이 양팔을 든 채 가만히 서 있는 모습이 보였다.

청년이 물었다.

“스님, 지금 뭘 하고 계신 겁니까?”

무염(無染)이라는 법명을 가진 노승이 웃으며 대답했다.

“이[虱]들에게 공양을 바치고 있네.”

“네에? 이들이라면 훌훌 털어내거나 죽이면 되는데 공양을 바친다니요?”

“지금은 이들 공양 때거든. 그래서 녀석들이 안심하고 내 몸에서 피를 빨아먹을 수 있도록 꼼짝없이 서 있는 것일세.”

청년은 무염 스님의 답변에 큰 호기심과 함께 감동을 받았다. 그래서 자신도 모르게 스님의 제자가 되고 싶다며 졸랐다.

“스님, 저를 제자로 받아 주십시오.”

“젊은이가 승이 되겠단 말인가? 나한테 출가하면 까다롭고 고달픈 일이 많을 텐데 그래도 괜찮겠어?”

“스님 말씀은 무조건 지키고 따르겠습니다.”

청년이 굳게 다짐하자 무염 스님이 임무를 주었다.

“정 그렇다면 말이야, 자네한테 과제 하나를 내주지. 이 요사채 아궁이에 솥을 걸어봐. 하지만 어느 한쪽도 기우는 곳 없이 잘 걸어야 해. 그렇게 할 수 있겠나?”

청년이 자신 있게 답했다.

“물론입니다. 솥을 거는 일이라면 식은 죽 먹기죠.”

청년은 곧 아궁이 입구를 진흙으로 다진 뒤 앞뒤와 좌우 균형을 잘 맞춰 솥을 얹었다.

“보십시오, 스님. 이런 일은 제겐 너무나 쉽습니다.”

그때 무염은 고개를 크게 저었다.

"아니야. 내가 보기엔 균형이 전혀 맞지 않았어. 이걸 보게. 이쪽보다 저쪽이 높지 않은가? 다시 걸어야겠네!"

청년은 당황하며 걸었던 솥을 떼어내고 진흙을 새로 발라 얹었다. 하지만 그 일이 반복될 때마다 무염은 계속 고개를 저었다. 그처럼 솥을 걸었다 떼어내길 여덟 번이나 거듭했을 때 청년은 속으로 생각했다.

'언제까지 이 일을 계속해야 할까? 이런 일로 과제를 주시다니 스님 되는 건 힘들겠구나. 정말 나 같은 사람이 스님이 되려면 이렇게 별 의미도 없을 것 같은 일을 반복해야 한단 말인가?'

그러다가 청년은 곧 생각을 바꿨다.

'아냐. 여태 여덟 번이나 걸었으니 스님이 만족하실 때까지 끝까지 해 보자.'

그렇게 다짐한 청년이 아홉 번째로 솥을 걸었다. 무염 노스님은 그제야 흡족한 목소리로 말했다.

"그래, 이번엔 제대로 걸었구나. 아홉 번 만에야 솥을 제대로 걸었어. 그런 뜻에서 네 법명은 구정(九鼎)이라 지어야겠다."

청년은 그때부터 구정이란 이름으로 불리게 되었다. 그 후 구정은 스승의 말씀을 따라 아침저녁으로 밥과 반찬을 만들었고 날마다 땔감 마련하고 도량 안팎을 깨끗이 청소하느라 허리가 휠 지경이었다. 그러나 몇 해가 지나도록 스승은 부처님 가르침이 어떤 것인지, 무슨 경전을 어떻게 읽어야 하는지 한마디도 일러 주질 않았다. 구정은 그게 여간 답답하지 않았다. 그래서 하루는 스승께 여쭀다.

"스님, 대체 부처님 가르침이 뭡니까?"

"그걸 정말 알고 싶은 게냐?"

"그렇습니다, 스님. 한말씀만 일러 주십시오."

그러자 무염이 무심한 듯 입을 열었다.

"네가 알고자 하는 부처님 가르침이라는 걸 한마디로 이른다면 '즉심시불(卽心是佛)'이다."

즉심시불이라는 말을 풀이하면 '마음이 곧 부처'라는 뜻이다. 그런데 구정은 출가 전부터 글을 배운 적이 없었기에 '즉심시불'이란 말씀을 '짚신이불'로 알아늘었다.

'짚신이 부처라니 참 알쏭달쏭한 말씀이구나. 어째서 짚신이 부처란 말인가.'

구정은 이런 의문에 사로잡혔으면서도 '왜 짚신이 부처인가'를 감히 여쭙지 못했다. 그저 짚신이 부처라는 스승의 말씀을 철석같이 믿었을 뿐이다. 그래서 틈만 나면 짚신을 머리에 이고 다녔다. 그러면서도 깊은 의문에 사로잡혔다.

'왜 짚신이 부처일까?'

구정은 늘 궁금했던 스승의 말씀을 매일같이 주문처럼 외우고 다녔다.

"짚신이불, 짚신이불, 짚신이불…."

그러던 어느 날 구정은 다시 깊은 의문에 사로잡혔다. 짚신이 부처라면 세상에 부처 아닌 게 뭐란 말인가. 자신의 졸음이나 가려움, 발우, 법당 앞의 고양이, 나뭇잎을 스치는 바람 소리, 목탁, 구름…. 이 모든 것이 부처일까? 구정은 그런 생각을 하다가 퍼뜩 정신을 가다듬고 평소처럼 "짚신이불"을 외웠다. 그러다가 다시 생각의 늪에 빠졌다. 짚신이 부처라면 나는 머리에 부처를 모시고 여태 부처를 찾았단 말인가. 그럼 부처를 찾는 이 몸과 이 마음은 또 무엇인가. 질문이 질문을 낳았다. 그는 좀체 질문의 관념에서 벗어날 수가 없었다. 그때 먼 곳에서 꾀꼬리가 우는 소리가 들려왔다. 그 소리에 놀라 고개를 돌리는 순간 그의 머리에 이고 있던 짚신이 '툭' 하고 떨어졌다.

순간 구정은 아무 생각도 들지 않았다. 그저 바닥에 떨어져 나뒹구는 짚신을 바라볼 뿐이었다. 오랫동안 붙잡고 있던 밧줄을 스스로 놓아 버린 느낌이었다. 짚신은 바닥에 있었고 아침 햇볕은 그저 따뜻했다. 바로 그 순간 구정에게선 웃음이 터져 나왔다.

"허, 허, 허, 허, 허!"

웃음소리는 메아리가 되어 오대산 봉우리마다 부딪혔다가 구정 자신의 귓가를 울렸다. 그때 법당에서 나오시던 무염 선사와 눈이 마주쳤다. 무염 선사도 구정을 보며 미소를 지었다. 구정이 출가 후 처음 뵙는 미소였다. 무염 선사는 그 미소로 제자의 깨달음을 인가한 것이다.

"그 뒤로 수많은 스님이 동관음암을 찾아와 구정 선사에게 가르침을 청했다고 합니다."

각운이 관음암에 전해지는 구정 선사에 관한 전설을 말씀드렸더니 나옹도 고개를 끄덕이며 말했다.

"네 말대로 구정 선사처럼 자나 깨나 한마음으로 화두를 참구하면 깨달음을 얻게 되느니라."

"스님 말씀 명심하겠습니다."

이처럼 상두암에 주석하게 된 나옹은 한동안 오대산에 터 잡은 여러 사암을 직접 찾거나 아예 한 도량에서 짧게는 며칠, 길게는 몇 달씩 머물며 수행에 전념하는 일도 많았다.

그 시절의 나옹은 산봉우리나 하늘에 떠가는 구름을 무심코 바라보는 게 일과였다. 그러더니 어느 날부터인가 노래를 지어 부르기 시작했다. 그의 주위에서 수행하던 제자들은 나옹 선사가 노래할 때마다 속으로 조용히 따라 부르곤 했다. 그 노래는 길지도 않았고 어렵지도 않았다. 그래서 제자들의 뇌리에 파편처럼 박혔다. 그 뒤 그 노래는 '청산가'라는 제목을 달고 후세에까지 널리 전해지게 되었다.

청산은 나를 보고 말없이 살라 하고
창공은 나를 보고 티 없이 살라 하네.

사랑도 벗어놓고 미움도 벗어놓고
물같이 바람같이 살다가 가라 하네.

청산은 나를 보고 말없이 살라 하고
창공은 나를 보고 티 없이 살라 하네.
성냄도 벗어놓고 탐욕도 벗어놓고
물같이 바람같이 살다가 가라 하네.

청산가는 수행자가 가져야 할 마음가짐을 쉽고 아름다운 노랫말로 전하고 있다. 그래서 불자들은 물론 일반 백성들도 남녀노소 가리지 않고 따라 부르게 되어 후세에까지 널리 전하고 있다.

운수납자

"나도 스님 따라 금강산 구경을 하고 싶소."

고향 후배 김수찬이 이렇게 말했을 때 무진은 별다른 토를 달지 않았다.

며칠 전이었다.

무진은 출가한 지 5년 만에 속가 부모님을 뵈러 고향인 여주로 찾아갔었다. 부모님과 일가친척, 동네 어른들을 모두 뵙고 난 그는 어려서 친형제처럼 지냈던 수찬과도 밤늦도록 이야기를 나눴다. 그때 자신이 수행하고 있던 금강산 표훈사로 돌아갈 예정이라고 하자 수찬이 졸라댄 것이다.

"금강산을 구경하겠다고? 그것도 좋지. 고려에 태어났으면 죽기 전에 한 번은 다녀와야 할 곳이 금강산이라더군. 그런데 생각처럼 쉬운 길은 아닌데?"

"일생에 한 번 가볼 만한 곳이라면 그 정도 각오는 있어야 않겠소?"

이튿날 아침, 수찬은 무진을 따라 명주(강릉)를 향해서 걷기 시작했다. 우선 원주를 지나고 대관령을 넘어 명주에 이르러 북쪽으로 발길을 돌려야 할 것이다. 그다음 오른쪽으로 동해안을 끼고 계속 걷다 보면 외설악을 지나고 고성의 해금강을 거쳐 금강산에 이르게 될 것이다.

수찬의 집은 여주에서도 손꼽히는 양반 가문이었다. 그렇기에 부모님은 수찬이 어려서부터 글을 배우게 했다. 그 영향 때문인지 수찬의 글솜씨는 좋았다. 하지만 가깝게 지내던 이웃집 형이 출가해 무진이라는 법명을 받게 된 후로는 자신도 출가해 볼까 하는 마음도 있었다. 그건 누구에게도 말하지 못한 꿈이었다. 무엇보다 부모님이 완강하게 반대하실 게 분명했기 때문이다. 다만 출가 대신 무진 스님을 따라 금강산 구경을 하고 오겠다는 말은 기꺼이 허락해 주셨다.

"아버지, 어머니. 제가 이번에 무진 스님을 따라 금강산 유람을 해보고 싶습니다."

수찬이 이렇게 말씀드리자, 부모님은 별다른 이견이 없었다.

"그래? 너처럼 젊은 나이에 견문을 넓히는 건 좋은 일이다. 별 탈 없이 다녀오도록 해라."

그리하여 여주를 출발한 수찬과 무진이 진부에 가까이 이르렀을 때였다.

"여기서 조금만 가면 오대산이 있어."

수찬은 오대산이라는 말에 자신도 모르게 가슴이 뛰는 듯했다. 어려서부터 말로만 듣던 오대산 부근까지 오다니 꿈만 같아서였다. 스물한 살이나 먹도록 뭘 하고 살았나 싶었다.

"그러면 스님, 오대산도 잠시 들렀다 가면 안 되겠소?"

수찬이 묻자 무진은 고개를 저었다.

"그건 곤란한 일이야. 내 은사스님이 표훈사로 돌아오라는 날짜까지 사흘밖에 안 남았거든. 여기서 하루라도 지체하면 그 벌로 천배는 올려야 할 거다. 따라다닌 너는 괜찮겠지만…."

무진이 고개를 젓자, 수찬은 속으로 한숨을 쉬었다. 출가하더라도 어른들의 제지를 받는 건 세속과 마찬가지란 생각 때문이었다. 그때 무진이 더욱 솔깃한 이야기를 들려주었다.

"너 혹시 나옹 스님 이야기는 들어봤어?"

수찬은 고개를 끄덕였다.

"고려 사람들치고 나옹 스님을 모르는 사람이 있겠소?"

나옹 스님이라면 2년 전인 1358년, 원나라에서 귀국한 고승 아닌가.

"그럼 나옹 스님이 여기 오대산에 계시다는 것도 알아?"

무진의 이야기를 듣던 수찬은 크게 놀랐다.

"정말 나옹 스님이 오대산으로 오셨단 말이요?"

"여기 오신 지 두어 달쯤 됐으니 잘 모르는 사람들도 많겠지만, 오대산에 계신 건 사실이야."

수찬은 나옹 스님처럼 이름 높은 분이 오대산에 머물고 계시다는 말이 쉽게 믿어지지 않았다. 그와 함께 오래전 품었다가 지운 꿈이 되살아났다. 자신도 무진 스님처럼 출가해 열심히 수행하고 진리를 깨닫겠다는 꿈이었다. 수찬이 크게 숨을 가다듬고는 입을 열었다.

"내가 금강산 유람하려고 스님을 따라나섰지만, 사실은 오래전부터 스님 따라 출가를 하려고 했소. 그런데 스님 되는 게 어렵고 더구나 나옹 스님과 같은 고승을 뵙는 건 더욱 어려운 일 아니겠소? 이참에 나는 나옹 스님에게 출가할 것이고, 금강산 구경은 나중에 기회가 되면 하겠소."

이때 무진이 물었다.

"출가도 좋지만 먼저 부모님께 허락을 받아야지."

"나도 이제 어른이 되었으니 그냥 출가하겠소. 부모님께는 나중에 편지로 사정을 말씀드리고 문안을 여쭙겠소."

그러자 무진은 곤란하다는 듯 말했다.

"수행자가 되겠다는 건 좋은 일이긴 하지만, 훗날 네 부모님께 내가 원망 좀 듣겠구나. 정 출가를 하겠다면 어쩔 수 없지만…."

이렇게 말끝을 흐린 무진은 진부에서 수찬과 작별했다.

"스님, 열심히 공부해서 성불하십시오."

"그래. 네가 출가하면 우린 도반이 되어 다시 만날 테지. 그땐 날 사형님이라 불러야 해."

무진과 헤어진 수찬은 곧 오대산으로 가는 길로 접어들었다. 그 뒤 수찬이 처음 찾아간 절은 월정사였다. 월정사는 7세기 무렵, 신라의 자장(慈藏) 율사가 창건한 고찰이다. 중국으로 유학을 떠난 자장은 3년간 수도한 뒤 귀국길에 중국 오대산을 둘러보았다. 그때 자장은 오대산에 머물던 문수보살의 화신을 뵙고 가르침을 받았다. 문수보살이 자장에게 일렀다.

"그대는 신라로 돌아가 절을 짓도록 해라. 그러면 불보살님들이 신라를 굳건히 지켜줄 것이다."

이에 자장은 문수보살로부터 부처님 정골 사리와 가사 등을 받고 귀국했다. 자장의 유학과 귀국은 서역에서 시작된 불교가 한반도에 본격적으로 정착하게 된 계기가 되었다. 자장이 전국 각지에 10여 사찰을 세웠고 오대산 적멸보궁, 통도사 금강계단 등 적멸보궁을 지어 부처님 진신사리를 모셨기 때문이다.

자장 율사는 절을 짓기 위해 여러 지역을 탐방하다가 우연히 중국 오대산과 지형이 닮은 산을 발견하고는 크게 기뻐했다. 그래서 그 산의 이름을 오대산이라 짓고는 그곳에 월정사와 적멸보궁 등을 세웠다.

중국 오대산은 산 전체가 문수보살의 성지로 알려진 데 비해 이 땅의 오대산은 각 대마다 신앙의 대상이 다르다. 먼저 자장은 오대산을 이루는 다섯 산의 이름부터 지었다. 그 결과 동대 만월산, 서대 장령산, 남대 기린산, 북대 상왕산, 중대

지로산(풍로산)으로 각각 명명되었다. 그 뒤 각 대에 세워진 암자들은 신앙의 대상을 서로 다르게 설정했다. 다시 말해 동대 관음암은 관음보살, 서대 수정암은 대세지보살, 남대 지장암은 지장보살, 북대 미륵암은 오백아라한, 중대 사자암은 문수보살을 각각 모셨다. 이와 함께 중대의 서쪽에는 부처님 진신사리를 모신 적멸보궁을 세워 오대산이 신라 불법의 중심지임을 드러냈다.

월정사 9층 탑과 법당에 참배한 수찬이 그곳 스님에게 물었다.

"나옹 큰스님 계시는 도량이 어디인가요?"

월정사 스님이 답했다.

"나옹 스님은 오대산의 여러 암자에서 잠깐씩 머무시기에 잘 모릅니다만…."

이런 애매한 답변에 수찬은 난감한 표정을 짓고 말았다. 그런 눈치를 알아차린 월정사 스님이 덧붙여 말했다.

"그렇긴 해도 요즘 주로 머무시는 곳은 북대 상두암으로 알고 있습니다."

수찬은 그 말에 안도의 한숨을 내쉬며 다시 물었다.

"상두암이라고요? 거기에 계신 건 분명합니까?"

수찬의 미심쩍어하는 질문에 월정사 스님이 답했다.

"제가 들은 바로는 그렇다는 겁니다. 하지만 어제나 오늘 아침에 다른 암자로 옮기셨는지 아니면 여태 상두암에 계실지는 장담할 수 없습니다. 그래서 우리 같은 중들을 구름처럼 떠돌아 다닌다고 해서 운수납자라고도 부릅니다."

"운수납자라…. 아무튼 전 나옹 스님을 꼭 뵈어야 합니다. 여기서 상두암까지는 어떻게 가야 하는지요?"

이에 월정사 스님이 상두암으로 가는 길을 자세히 일러주었다.

수찬은 고맙다는 인사를 드린 뒤 상원사를 향해 숲길을 걷기 시작했다. 20리가 넘는 길을, 느리지도 않고 빠르지도 않게 걸었다. 이따금 요란하게 짖어대는 산새들 소리를 들으며, 오대산 하늘 위로 무심히 흘러가는 흰 구름을 바라보며 걸었다. 그러다 보니 어느새 상원사에 이르게 되었다. 수찬은 상원사 법당보다 적멸보궁부터 돌아보기로 했다.

그 무렵 사대부 가문의 자제들은 김부식이 편찬한 『삼국사기』와 그보다 140년쯤 뒤에 일연 선사가 편찬한 『삼국유사』를 필독서로 여겼다. 당연히 수찬도 두 가지 역사서를 읽었지만 아무래도 일연 스님의 『삼국유사』가 재미와 교훈을 둘 다 주어 더 깊은 관심을 가진 바 있었다. 수찬이 글을 배우면서 출가를 생각한 것도 『삼국유사』의 영향이 컸다.

수찬은 『삼국유사』를 읽었던 기억을 더듬어 오대산에 얽힌 신라 때의 보천(寶川) 태자와 그의 아우 효명(孝明) 태자 이야기를 떠올려 보았다.

신문왕(神文王)의 장남인 보천은 장차 왕위를 이을 예정이었다. 그런데 왕실 주변에는 보천과 효명 형제를 제거하고 왕위를 차지하려는 세력이 있었다. 불심이 깊었던 형제는 속세에서 왕권 다툼을 벌이기보다 깊은 산속으로 들어가 수행하기를 원했다. 그 결과 불교 신앙의 성지로 알려진 오대산으로 들어갔다.

어느 날 보천 태자가 수행하던 자리에 푸른 연꽃이 피어났다. 이에 보천은 그 자리에 암자를 짓고는 보천암(寶川庵)이라고 이름 지었다. 얼마 후 보천암에서 600걸음 떨어진 곳에서도 푸른 연꽃이 피었다. 그 자리에는 아우 효명이 암자를 지었다. 그 뒤로 형제는 오대산에서 나란히 수행하게 되었다.

그러던 어느 날이었다. 형제는 오대산을 이루는 다섯 봉우리를 예배하려고 산 위로 올라갔다. 그러자 동대에서는 1만 관음 진신이, 남대에서는 팔대보살 등 1만 지장보살이, 서대에서는 무량수불과 1만 대세지보살이, 북대에서는 석가여래와 1만 미륵보살이, 중대에는 비로자나불과 1만의 문수보살이 모습을 드러냈다.

그 장엄함에 감동한 형제는 5만 보살에게 일일이 예배하며 신심을 더욱 굳건히 다져나갈 것을 발원했다. 이후 날마다 이른 아침이 되면 문수보살이 서른여섯 가지 모습으로 변신해 중대 상원사에 나타났다. 그때 형제는 차를 달여 문수보살에게 공양하며 도를 닦아나갔다.

몇 년이 지나 형제의 수행이 무르익어 가던 어느 날이었다.

조정에서 파견한 대신들이 보천암으로 찾아와 말했다.

"태자님, 지금 왕실은 왕위를 이을 분이 없어 위태롭습니다. 태자님은 진작부터 왕세자로 책봉되셨으니 속히 서라벌로 돌아가셔야 합니다."

이때 보천 태자는 오히려 대신들에게 사정했다.

"무슨 말인지 알겠소만 나는 이미 부처님 제자가 되기로 맹세한 몸이오. 부처님이 태자 자리를 내려놓고 구중궁궐을 벗어난 것처럼 나도 그 길을 따르고자 하오. 제발 나를 가만히 놓아주길 바라오."

이때 대신들이 태자에게 물었다.

"태자님, 왕위를 이어 나라와 백성을 지키는 것보다 이 깊은 산속에서 수행하시는 게 더욱 중요하단 말씀입니까?"

보천 태자는 눈물까지 흘리며 재차 호소했다.

"내겐 수행하며 부처님 가르침을 지키는 게 정말 중요하다오. 정 이 나라에 임금이 필요하다면 내 아우 효명에게 부탁해 보시오."

대신들은 하는 수 없이 효명의 암자로 찾아가 왕위를 이어달라고 청했다. 효명은 그들의 부탁을 선선히 받아들였다. 그리하여 서라벌로 돌아가 임금 자리에 올랐으니 그가 바로 성덕왕이었다.

그 뒤 보천은 신통력을 얻고 울진국 장천굴까지 왕복하며 매일 '수구다라니경'을 독송하며 지냈다. 그러고는 오대산 신성굴에서 50년 동안 수행하다가 세상을 떠났다. 그는 죽기 전 제자들에게 유언을 남겼다.

"오대산 동대는 관세음보살이 항상 머무시는 곳이니 그곳에 암자를 짓고 '관음암'이라 부르도록 하라."

그 후 보천이 열반한 뒤 지어진 도량이 바로 동대 관음암이라는 것이다.

이 이야기처럼 보천 태자는 끝내 왕위에 오르길 사양했지만, 효명은 임금이 되었다. 왕위에 올랐다는 건 그만큼 권력과 재산이 생겼다는 것을 뜻한다. 그리하여 효명은 왕이 되기 전까지 꿈꾸던 불사에 힘을 기울일 수 있었다. 바로 진여원 터에 상원사를 창건한 일이다.

그렇다면 보천처럼 수행에 전념해 진리를 깨닫고 신통력을 얻는 게 나은지, 아니면 효명처럼 세속적인 힘을 얻어 절을 짓는 공덕을 쌓는 게 나은지는 따져볼 일이다. 하긴 달마대사는 수많은 불탑을 세우고 스님들에게 공양을 올린 공덕이 얼마나 큰지 물었던 양 무제에게 "아무런 공덕이 없습니다."라고 면박을 주었다. 참으로 아무 공덕이 없다는 뜻은 아닐 것이다. 금강경에서 말하듯 '머무는 바 없이 그 마음을 내라'는 걸 일깨워 준 답변으로 보아야 한다.

이 순간에 충실하라

　수찬은 상원사를 향해 합장한 뒤 적멸보궁으로 향하는 오솔길로 들어섰다. 이제까지와는 다르게 가파른 길이었다. 한 걸음씩 내디딜 때마다 없던 힘이 솟아나는 길이기도 했다. 그런 길을 오르고 오르다 보니 마침내 아담한 법당 하나가 남쪽을 향해 불자들을 맞고 있었다. 그곳이 바로 부처님 진신사리를 모신 적멸보궁이다. 적멸보궁은 그것이 가지고 있는 상징성으로 인해 법당 안에 불상을 따로 모시지 않았다.

　수찬은 법당으로 들어가기 전 법당 뒤쪽으로 돌아갔다. 진신사리탑에 먼저 참배하기 위해서였다. 과연 법당 규모에 어울릴 만한 부처님 사리탑이 그를 맞아 주었다.

　그는 사리탑 앞에 무릎을 꿇었다. 그리고 잠시 후 그대로 엎드렸다. 누가 울린 것도 아닌데 눈물이 쏟아질 것만 같았다. 천 년 전 부처님의 위신력은 얼마나 크셨기에 서역에서 이역만리 고려 땅까지 당신의 진신사리를 보내셨던 것일까.

수찬이 몇 배인지도 모르게 절을 올리고 있을 때 저 아래 상원사 쪽에서 천상의 소리인 듯 범종 소리가 울려 퍼졌다. 저녁 예불 때를 알리는 종소리였다. 수찬은 자리에서 일어나 법당 쪽으로 걸어가 사방을 찬찬히 둘러보았다.

상원사와 적멸보궁이 오대산의 중대라면 그 자리에서 연꽃 봉우리처럼 보이는 동서남북의 네 봉우리가 각각 동대, 서대, 남대, 북대이다. 수찬은 중국의 오대산을 가본 일은 없었건만 신라로 돌아와 중국 오대산과 유사한 자리에 적멸보궁을 세운 자장 율사의 안목과 경험, 그 불심에 거듭 감탄했다.

상원사에서 하룻밤 머문 수찬은 이튿날 아침, 북대 상두암 길로 접어들었다. 안개가 오대산 자락을 감싸고 있었다. 며칠 전에 내린 비와 운무로 인해 산길이 미끄러웠지만, 그의 발걸음은 흔들림이 없었다.

상두암으로 가는 길은 여느 오솔길보다 넓으면서도 그다지 경사가 가파르지 않아 걷기에 좋았다. 그런 산길을 십 리가 넘게 돌고 돌며 오르다 보니 마침내 북쪽 봉우리 위로 법당이 보였다.

법당 안팎은 조용했고 주변을 오가는 대중은 눈에 띄지 않았다. 그는 무턱대고 법당에 올라가 삼배부터 올렸다. 법당 내부는 석가모니 삼존불이 모셔진 구조였다. 나중에 알게 된 일이지만 그가 상두암에 도착하기 몇 달 전, 그곳에는 16나한상이 있었으나 상원사에 나한전 건물이 들어선 뒤 모두 이운되었다고 한다.

삼배를 올린 그가 다시 밖으로 나왔을 때였다. 지게를 진 어떤 스님이 법당 마당 쪽으로 다가서고 있었다. 지게에는 가지런히 묶인, 마르고 삭은 나뭇가지 한 짐이 실려 있었다.

"처사님, 어떻게 오셨습니까?"

부목(負木; 절에서 땔나무를 하는 일) 소임을 보는 듯한 스님이 마당 한 귀퉁이에 지게를 버텨놓고 수찬에게 물었다. 그 스님의 법명은 각운이라고 했다. 명주의 굴산사로 출가해 북대 상두암에서 홀로 지내다가 나옹 스님을 뵙고 스승으로 모시게 되었다고 했다.

"나옹 큰스님이 이곳에 계시다는 말씀을 들었습니다만…."

각운이 손가락으로 한 작은 당우를 가리키며 말했다.

"큰스님은 저기서 수행 중이십니다."

수찬이 보니 그 건물엔 '적묵당(寂默堂)'이라 새겨진 편액이 걸려 있었다. 서역 천축국의 말 '샤카무니'는 '석가족의 고요한 성자'라는 뜻인데 이를 음역하면 '석가모니', 의역하면 '능인적묵(能仁寂默)'이 된다. 따라서 능인적묵에서 비롯된 적묵당이라는 편액은 석가모니를 뜻하기도 하며 고요한 침묵의 집이라는 뜻도 담겨 있다. 나옹 스님과 같은 고승이 머물기에 잘 어울리는 편액이라 할 수 있다.

수찬은 각운 스님을 따라 적묵당까지 따라갔다.

"큰스님, 어떤 거사가 뵙기를 청합니다."

잠시 후 안에서 나옹 스님이 문을 열고 모습을 드러냈다. 수찬은 반사적으로 합장 반배를 드린 후 가만히 서 있었다.

"날 보겠다고? 무슨 일인가?"

나옹이 물었다.

"스님께 출가하려고 왔습니다."

수찬이 단도직입적으로 답하자, 나옹이 적묵당 밖으로 나섰다. 그러더니 수찬을 찬찬히 바라본 뒤 옆에 있던 빗자루를 내밀었다.

"내게 출가를 하겠단 말이지? 그러면 이 낙엽부터 쓸어봐."

얼떨결에 빗자루를 건네받은 수찬은 적묵당 마당을 쓸기 시작했다. 부지런히 쓸었지만 바람이 불 때마다 이미 쓸어놓은 곳에 다시 낙엽이 떨어지고는 했다. 마당은 그리 넓지 않았다. 그런데도 한참 쓸고 난 뒤 고개를 돌려보면 나뭇잎이 흩어져 있었다. 아무리 시간이 흘러도 끝이 보이지 않았다.

"스님, 이렇게 해서는 언제 끝날지 모르겠습니다."

"그래? 그럼 언제 끝나야 할까?"

"그, 그건…."

"자네는 출가해 언제 깨달음을 얻겠다고 생각하나?"

수찬은 비질을 멈추고 나옹 스님을 바라보았다. 스님의 눈에는 장난기가 서려 있었다.

"젊은이들은 모든 것에 끝이 있다고 생각하지. 낙엽 쓸기에

도, 수행에도, 번뇌에도 말이야. 하지만 이 낙엽들을 보게. 떨어지는 것은 끝인가 아니면 시작인가?"

수찬은 땅에 떨어진 낙엽들을 바라보며 생각해 보았다. 썩어서 흙이 되고, 그 흙에서 다시 새 생명이 자라날 것이다.

"끝이 곧 시작이겠죠."

"바로 그렇다네. 그러니 조급해하지 말고 지금, 이 순간에 충실하게. 낙엽을 쓸 때는 온전히 낙엽 쓰는 일에만 집중하란 말이야."

그날 밤, 나옹은 수찬을 적묵당으로 불렀다. 촛불 하나만이 어둠을 밝히고 있었다.

"스님, 제가 부처님 제자가 될 수 있을까요?"

나옹은 차를 우려내며 천천히 말했다.

"그런 의심이야말로 진정한 구도의 출발점이지."

"그렇다면 제 의심은…."

"의심을 품기는 하되 거기에 사로잡히지는 말게. 의심은 길을 밝히는 등불과 같은 거야. 의심 자체가 목적지는 아니라는 뜻이지."

수찬은 찻잔을 들고 생각에 잠겼다. 따뜻한 차가 식도를 타고 내려가는 느낌이 생생했다.

"스님께서는 언제 출가를 결심하셨습니까?"

"나는 자네보다 어린 나이에 세상의 무상함을 깨달았어. 어려서 어머니를 잃었고 스무 살 때는 친한 동무의 죽음을 보았거든. 그 뒤로도 가까운 사람들이 하나둘 떠나가는 것을 보면서 모든 게 덧없이 느껴지더군. 그러나 무상하다는 걸 아는 것만으로는 충분하지 않았어. 진짜 출가는 무상함을 받아들여야 시작되는 거야."

"그 다음에는요?"

"무상함 속에서도 변하지 않는 무언가를 찾는 것이 진정한 구도의 길이지. 이제 그만 가서 자게."

그날 밤 수찬은 상두암에서 처음 만났던 각운 스님의 방으로 가서 잠들었다. 그에겐 사형이 될 각운은 이미 깊은 잠에 빠진 뒤였다.

수찬이 눈을 뜬 것은 이튿날 이른 새벽이었다. 누군가가 문밖에서 목탁을 두드리며 잘 알아들을 수 없는 염불을 외고 있었다. 수찬은 순간 자리에서 일어나 옆을 돌아보았다. 어두웠지만 방문 밖으로 비치는 희미한 달빛이 방 안의 윤곽을 드러냈다. 그가 예상한 것처럼 각운 스님은 보이지 않았다. 그제야 그는 밖에서 도량석을 하는 스님이 각운인 줄을 짐작했다.

출가 생활은 꼭두새벽에 일어나 도량석을 하는 것부터 시작되는 모양이었다. 속가와는 다른 마음가짐이 필요했다. 수찬은 새삼 긴장하며 조심스레 법당으로 건너갔다. 어느새 도량석을 마친 각운 스님이 나옹 스님 뒤쪽에서 예불 의식을 행하는 게 보였다.

수찬은 두 스님 뒤에 조용히 앉아 예불 의식을 따라 했다.

그렇게 석 달이 지났을 때였다.

"오늘은 네 머리카락을 잘라야겠다."

수찬은 법당에 앉아 나옹 스님에게 머리를 맡겼다. 속세의 흔적과도 같은 머리카락이 한 줌씩 잘려 방바닥에 떨어지고 있었다. 그럴수록 수찬의 잡념은 사라졌다. 나옹은 제자의 머리카락을 자른 뒤 '지선(智詵)'이라고 적힌 종이를 수찬에게 내밀었다.

"앞으로 네가 많은 지혜를 얻으라는 뜻에서 지선이라는 법명을 내린다. 그동안 해왔던 행자 생활은 걸음마와 같은 것이다. 사람이 걷기 시작하면 그 뒤로 말을 배우고 올바른 행동거지를 배우며 수많은 지혜를 얻게 될 것이다. 너는 오늘부터 정식으로 부처님 제자가 되었으니 출가자로서 인친(人天)의 스승이 되도록 힘써야 한다."

"네에, 스님. 깊이 명심하겠습니다."

지공과 평산의 가르침

황금빛 송골매

열다섯 살 아원혜(牙元慧)의 아침은 언제나 마을 앞을 휘감아 도는 송천이라는 냇가에서 시작되었다. 원혜는 아침이 밝으면 집 뒤편 언덕에 올라가 송천을 바라보고는 했다. 그 송천을 따라 20리가량 내려가다 보면 푸르른 동해안에 이른다. 원혜는 이따금 동해안으로 갔을 때의 기억을 떠올렸다. 몇 척의 배들이 수평선 끝에서 가물거리다 어느샌가 사라졌고 어느 땐 갈매기들이 날아오르기도 했다.

원혜는 언제부턴가 강처럼 넓은 냇가와 하늘, 뒷산, 꽃과 나무 등을 물끄러미 바라보는 습관이 생겼다. 그런 사물들을 보며 자신은 어디서 왔다가 어디로 가는 것인지 궁금하게 여겼다. 그럴 때마다 원혜는 어머니 정씨에게 여쭙곤 했다. 수없이 들어도 신비롭고 재미있는 태몽 이야기였다.

"어머니 저를 가지실 무렵, 태몽 이야기 좀 해 주세요."

"그러니까 어느 날 꿈에 황금빛 송골매가 날아왔단다. 송골매는 한동안 내 머리를 쪼아대더니 품속에 알을 떨어뜨리는 거야. 그 뒤 널 가진 걸 알게 되었지."

원혜는 그 이야길 처음 들었을 때 자신이 송골매의 알에서 태어난 것으로 여겼다. 나중에 자라면서부터는 그 꿈이 어디까지나 꿈일 뿐 현실에서 일어나는 게 아님을 알게 되었다. 사람은 사람의 몸에서 오는 것이며, 송골매는 송골매의 알이 부화해서 세상에 태어나는 것이다. 그런데도 영 풀리지 않는 의문이 있었다.

'내가 태어나기 전엔 어디서 온 것일까? 내가 죽으면 어떻게 되며 어디로 가는 것일까?'

아무리 생각해 봐도 풀리지 않는 의문이었다.

그가 태어나기 전 아버지 아서구는 선관서령이라는 벼슬에서 물러나 고향인 영덕으로 내려왔다. 부모님께 물려받은 작은 논에서 벼농사를 지었지만, 농사 경험이 없는 데다 흉년이 들어 당장 생계가 막막했다. 그런 마당이라 세금마저 낼 수가 없었다. 세금을 계속 미루자 영해부 관아에서 아서구를 소환하기에 이르렀다. 이때 그의 아내 정 씨가 나섰다.

"당신은 열심히 일이나 하세요. 관가엔 내가 가서 우리 집안 사정을 말해볼게요."

"만삭인 몸으로 어떻게 관아까지 간단 말이오? 내가 가리다."

"아니에요. 내가 이런 몸으로 찾아가야 원님도 우리의 어려운 사정을 이해할 수 있지 않겠어요?"

이렇게 아내가 적극적으로 나서는 바람에 아서구는 그만 아내를 대신 보낼 수밖에 없었다. 그런데 정씨 부인은 포졸들에게 이끌려 관가로 가던 도중 길가에 있는 작은 냇가에서 태기를 느꼈다. 하는 수 없이 그곳에서 출산한 뒤 몸을 추슬러야 했다. 그때, 잠시 짬을 내주던 포졸들이 다그쳤다.

"이제 애를 낳았으니 어서 갑시다."

"아니 산모를 이처럼 가혹하게 대하는 경우가 어딨습니까? 좀 쉬었다 갈 수 있게 사정을 보아주시오."

정씨가 간절히 부탁했지만, 포졸들에겐 어림도 없는 말이었다.

"무슨 경을 칠 소리요? 부인을 안 데려가면 우리가 원님에게 죽게 생겼으니 당장 갑시다."

포졸들이 정씨의 팔을 낚아채며 끌고 가는 바람에 갓 태어난 원혜는 그 작은 냇가에 혼자 남게 되었다. 그런데 얼마 후 기적과 같은 일이 일어났다. 까치와 까마귀 수백 마리가 모여들어 핏덩이로 남은 원혜를 지켜 주었던 것이다. 그 뒤 원혜가 태어난 그 작은 냇가는 '까치소'라는 이름이 붙었다.

원혜는 이처럼 냇가에서 태어나 고려와 원나라의 수많은 절에서 지내다가 남한강이 흐르는 여주 신륵사에서 열반했으니 길 위의 인생이라 할 수 있다.

원혜는 사람과 모든 중생의 나고 죽음에 대한 의문이 들 때면 일곱 살 때 잠깐 뵈었던 지공 스님 생각을 하곤 했다. 중국에서 왔다는 지공 스님은 본래 서쪽 나라 천축국에서 태어난 분이라고 했다. 그런 스님이 중국을 거쳐 고려 땅에 오시자, 사람들은 살아 있는 부처님이 오셨다며 그 스님의 얼굴을 먼발치에서라도 보는 게 소원일 정도였다.

"원혜야, 내일 새벽 엄마 따라 금강산에 가보자."

금강산은 원혜의 고향 영덕에서 빠른 걸음으로 열흘 정도 거리에 있으니 어린 원혜로서는 매우 멀고 힘든 길이었다. 영문을 모르던 원혜가 물었다.

"금강산엔 왜 가요?"

"저 먼 천축국에서 원나라를 거쳐 우리나라에 오신 지공 큰스님이 금강산 유점사에서 법문하신다는구나."

궁금한 게 많았던 원혜가 계속 물었다.

"큰스님이요? 큰스님은 키가 커서 큰스님인가요?"

"키나 몸집이 크셔서 큰스님이 아니라 수행을 많이 하시고 법력이 높은 분을 그렇게 부르는 거야."

그 말을 듣자, 원혜는 점점 흥미가 생기기 시작했다. 천축국에서 태어나셨다는 그 스님의 법력이 얼마나 높기에 큰스님이라 부르는지 직접 보고 싶었고 기회가 된다면 평소에 궁금하게 여겼던 것을 여쭤볼 마음도 들었다.

원혜는 어머니를 따라 북동쪽으로 올라가 동해안을 끼고

계속 걸어갔다. 처음엔 다리가 아파 어머니에게 업어달라고 떼를 썼지만, 어머니가 백 걸음도 못 가 숨이 가쁘다며 걸음을 멈추자, 다시는 업어달라는 소리를 하지 않았다. 원혜 모자는 푸르른 동해를 질리도록 바라보며 열흘 만에 유점사에 도착할 수 있었다.

고구려 때 창건되었다는 유점사는 멀리 일주문 밖에서부터 전국 각지에서 모여든 사람들로 발 디딜 틈이 없을 정도였다. 원혜의 어머니 정씨는 법당에 시주할 쌀을 머리에 이고 부지런히 걸어 유점사에서 5리나 떨어진 곳에서 걸음을 멈췄다. 사람들이 가득 차 걸어갈 수가 없었기 때문이다. 원혜가 그렇게 많은 사람이 모여든 모습을 본 것은 그때가 처음이었다.

"지공 큰스님은 잊그제 밤에 빌써 오셨대."

"제발 지공 큰스님 덕분에 우리 온 가족이 소원성취하면 좋겠네."

"그런데 그 스님은 서역에서 태어나셔서 피부가 까무잡잡하다는구먼."

어른들이 저마다 이런 이야기를 나누며 유점사 길을 가득 메우는 바람에 원혜는 자칫 어머니를 놓칠까 겁이 날 정도였다.

그날 유점사에서는 '무생계 수계법회'가 열렸다. 원혜는 유점사 산영루를 겨우 지나 큰법당인 능인보전 안팎을 가득 메운 사람들 속에 파묻혀 그 법회를 구경했다. 먼발치에서 사람들 말처럼 피부가 까무잡잡한 스님이 법문하는 모습도 보았다. 그 스님은 고려인들과 달리 피부가 검고 생김새도 달라 보였다. 세상에 그런 사람이 있다는 걸 처음 알게 된 원혜로서는 충격의 연속이었다. 게다가 그의 법문은 천축국 말인지, 중국 말인지 알아들을 수 없었다. 그 스님이 잠깐씩 말하면 옆에 있는 어떤 스님이 한마디 한마디 고려 말로 옮겨 주었으나 어린 원혜가 새겨듣기에 버거운 말뿐이었다.

지공 큰스님의 법문이 끝나고 여러 가지 복잡한 의식이 끝날 무렵 어머니가 말했다.

"이건 오늘 모인 모든 사람에게 나눠 주는 계첩이란다. 이 계첩을 품에 넣고 다니면 부처님이 그 사람의 건강을 지켜 주시고 또 행복하게 살도록 도와 주신대. 지공 큰스님이 나눠 주시는 계첩이니 더욱 큰 영험이 있다는구나."

원혜는 어머니가 건네주신 계첩을 두 손으로 받아 들었다. 그 계첩은 여러 겹으로 접혀 있었다. 원혜는 계첩을 펼쳐 읽어 보려 했지만, 천자문을 배운 지 얼마 안 된 때라 아는 글자는 몇 자 되지 않았다.

그럼에도 원혜는 그 계첩을 어려서부터 평생 품에 지니고 다녔다. 훗날 그가 원나라로 유학갔을 때도 마찬가지였다. 원나라 대도에서 지공 선사를 뵙고 인사할 때도 그 계첩을 보여 드리며 어렸을 때의 추억을 말씀드렸다.

그런데 원혜를 데리고 유점사까지 찾아갈 만큼 불심이 깊었던 어머니는 그가 열두 살 되던 해에 갑자기 세상을 떠나셨다. 그때 원혜는 처음으로 사람이 죽는 모습을 보고 큰 충격을 받았다. 어머니는 평온한 모습으로 눈을 감았지만, 그것으로 끝이었다. 더는 숨을 쉬지도 않았고 원혜의 머리를 쓰다듬어 주시거나 무슨 말씀을 하시지도 않았다. 그게 죽음이라는 걸 원혜는 실감했다.

마을 사람이 여러 명 찾아와 어머니의 시신을 관에 넣고 염한 뒤 뒷산에 묻을 때까지의 과정을 말없이 지켜보면서 원혜는 죽음이라는 걸 수없이 생각해 보았다. 사람은 왜 태어나 죽는 것인지, 죽음 뒤에는 어떻게 되는 건지 아무리 생각해 보아도 알 수 없었다. 아니 어머니의 부재가 너무 슬프고 허전해 아무런 생각도 할 수가 없었다. 어머니의 장례를 마친 뒤로는 사람이 태어나 죽는 게 무엇인지 따져보는 일이 습관처럼 굳어졌다.

어느 날 원혜는 고개를 들어 하늘을 바라보았다. 그날따라 맑게 갠 하늘에 뻐꾸기가 구슬피 울고 있었다. 그 소리를 듣자 그는 전처럼 풀 수 없는 질문에 사로잡혔다.

'나는 누구인가? 나를 낳아 주신 어머니는 어디로 가셨을까? 사람은 어디서 왔다가 어디로 가는 것일까?'

어려서부터 용모가 반듯했던 원혜는 마음가짐도 훌륭해 동네 어른들의 칭찬을 받았다. 하지만 한 가지, 아버지의 제지를 받는 게 있었다.

"아버지, 전 이담에 스님이 되고 싶어요."

출가해서 스님이 되고 싶다는 건 누가 시켜서 하는 말이 아니었다. 원혜 자신의 마음에서 우러나오는 말이었다. 그런데 원혜가 이렇게 말할 때마다 아버지는 강하게 만류했다.

"그건 안 된다. 넌 열심히 공부해 과거를 보고 벼슬아치가 되어야 한다. 내가 선관서령을 지냈는데 애비보다는 높은 벼슬을 해야 하지 않겠니?"

원혜의 아버지가 지냈던 선관서령은 국가의 제사나 연회가 있을 때 그 음식을 조달하는 사무를 맡았던 관직이다. 그다지 높은 벼슬은 아니었지만, 국가적인 업무를 관장하는 자리여서 원혜가 태어나기 전만 해도 부모님은 개경에서 살았다. 그러다 벼슬을 그만두고 고향인 영덕으로 내려가 원혜와 세 살 아래 누이동생 두혜 남매를 두었다.

원혜는 아버지가 과거에 급제해 벼슬아치가 되라는 말씀을 하실 때마다 답답하기 이를 데 없었다. 스님이 되면 사람의 생로병사와 죽음 뒤의 일을 알 수도 있고 진리를 깨달을 수 있을 텐데, 무엇보다 자유롭게 살 수 있을 텐데 왜 관리가 되어 얽매여 산단 말인가.

한편 원혜가 태어난 곳에서 가까운 마을에는 훗날 고려의 대문장가이자 시인, 학자로 명성을 떨쳤던 이색(李穡)이 자라고 있었다. 훗날 원혜는 불교계의 고승으로, 이색은 성리학계의 거목으로 각각 성장했다. 다만 원혜가 이색보다 여덟 살 위이다 보니 두 사람이 서로 교류한 적은 없었다. 그럼에도 훗날 나옹 혜근(원혜) 선사가 여주 신륵사에서 열반하자 이색은 왕명에 따라 나옹의 일대기를 기록한 '보제존자석종비'의 비문을 적어 오늘날까지 전하고 있다. 유학자가 대선사 나옹의 생애를 기록한 일이 이채롭다.

원혜는 글을 익힐 때부터 수시로 가까운 곳에 있는 암자를 찾아가 불경을 뒤적였고 스님들처럼 참선하는 걸 좋아했다. 그가 자주 드나들었던 암자는 훗날 깨달음을 얻고 난 뒤 큰 절로 중창하고 절 이름도 장육사(莊陸寺)로 바꿔 오늘날에 이르고 있다.

"넌 왜 절에만 가면 스님들처럼 앉아 있는 거냐?"

하루는 마음을 터놓고 지내던 진구 선규가 물었다.

"그러면 마음이 차분해지거든."

선규는 원혜의 답변을 이해할 수 없다는 표정이었다.

"난 조금만 앉아 있어도 좀이 쑤셔서 못 견디겠는데 넌 참 별나다."

원혜와 선규는 동갑내기지만 성격은 정반대였다.

"원혜야! 오늘은 바다로 나가 헤엄치자!"

선규가 활달하고 쾌활한 성격이라면, 원혜는 조용하고 침착했다. 선규의 손에 이끌려 이십 리나 걸어 동해안에 도착한 그는 백사장에 앉아 하얗게 부서지는 파도를 보고 그 소리를 듣고 있었다. 반면 피부가 잔뜩 그을린 선규는 바다로 뛰어 들어가 자맥질을 했다. 그렇게 한참 헤엄을 치고 난 뒤 원혜가 앉은 곳으로 다가왔다.

"오늘도 가만히 앉아 있기만 할 거야?"

선규의 질문에 원혜는 화제를 바꿔 되물었다.

"넌 죽음이라는 걸 생각해 본 적이 있냐?"

선규가 놀란 표정을 지으며 원혜를 바라보았다.

"갑자기 죽음이라니? 그런 말 좀 하지 마. 기분 나쁘게….."

"뭐 그럴 수도 있겠지. 하지만 누구나 한번 태어난 이상 언젠가는 죽는 거 아닐까? 사람뿐만 아니라 세상의 모든 동식물도 마찬가지지. 이 바닷가에 널린 게나 조개, 소라 껍데기를 봐. 이것들도 세상에 태어나 자라서 늙고 죽어서 이 모양으로 널려 있는 거잖아."

선규는 잠시 생각하더니 어깨를 으쓱했다.

"네 말도 일리는 있어. 하지만 난 잘 모르겠어. 더구나 죽음이라는 건 세상을 오래 산 노인들이나 생각하는 거 아냐? 우린 아직 어린데 그런 걸 어찌 알겠어? 우린 죽음 같은 걸 생각할 나이가 아니잖아."

원혜는 그때 쓴웃음을 지었다. 어머니의 갑작스러운 죽음을 생각하면 노인들만 죽음을 생각하는 건 절대 아닌 듯했다. 하긴 또래의 친구들이 무관심하게 여기는 걸 자신만은 너무나 심각하게 받아들이는 것도 사실이었다. 원혜가 머리를 긁적이며 물었다.

“선규야, 내가 너무 이상하지?”

“이상하다기보다 좀 특별하지. 하지만 나는 그래도 네가 좋아.”

선규의 진솔한 대답에 원혜는 마음이 따뜻해졌다. 그는 처음으로 자신을 있는 그대로 받아 주는 친구가 있다는 것에 감사했다.

그렇게 가깝게 지내던 선규는 스무 살 되던 해에 갑자기 세상을 떠났다.

걸핏하면 원혜를 불러내 산과 바다를 찾아 실컷 놀기도 하고 또 결말을 알 수 없는 이야기를 나누던 선규가 어느 날부터 보이지 않았다. 그걸 이상하게 여기던 원혜는 읽던 책을 덮어 두고 선규네 집으로 찾아갔다.

“선규, 안에 있는가?”

선규의 방에선 아무런 기척도 없었다.

원혜가 인기척을 낸 뒤 방문을 열자, 선규는 깊은 잠에 빠져 있었다. 아니 자세히 보니 이불을 덮긴 했는데 자는 게 아니라 끙끙 앓고 있었다. 원혜는 깜짝 놀라 안채에 계실 선규의 어머니를 불렀다.

“어머니, 어머니 계신가요?”

안에서 선규의 어머니가 문을 열었다. 밤새 울었는지 퀭한 눈빛인 데다 얼굴이 퉁퉁 부은 모습이었다.

“그래. 원혜 왔구나. 애고!”

"어머니, 선규가 왜 저렇게 몸져누운 겁니까?"

"나도 모르겠어. 엊그제부터 갑자기 온몸을 떨더니 저렇게 꼼짝없이 누워만 있단다."

"약은 먹였습니까? 윗마을 박 의원이 용하다던데 한번 가보셨는지요?"

"박 의원만 찾아갔겠니. 이 영덕에서 가장 용하다는 정 의원님도 어렵게 청해 진맥을 보셨는데, 도무지 원인을 모르겠다고 하더구나. 한창 팔팔한 나이에 저렇게 누웠으니 그 원인을 어찌 알겠니?"

원혜는 답답하기 이를 데가 없어 아무런 대꾸도 하지 못했다. 그래서 다시 선규의 방으로 들어가 말을 걸어보았다.

"이보게, 선규. 나 알아보겠어?"

그때 선규는 말똥말똥 원혜를 바라볼 뿐이었다. 그저 눈만 깜빡이는 것으로 대답을 대신했다.

"어디가 아파서 누워 있어? 일어나 보게."

선규는 힘겹게 고개를 저었다. 대답도, 일어나지도 못하겠다는 뜻인 듯했다.

"애고, 정말 답답하군. 그처럼 활달하던 자네가 갑자기 왜 이렇게 됐단 말인가?"

원혜는 선규의 얼굴을 어루만지며 자신도 모르게 눈물을 떨궜다. 그때 선규는 그만 가보라는 듯 눈을 깜빡였다. 어느새 들어왔는지 선규의 어머니가 말했다.

“원혜야, 그만 가봐라. 지금은 대답을 못하지만 혹시 하룻밤 더 자고 나면 일어날지도 모르잖니? 선규가 더 쉬도록 해 주렴.”

원혜는 선규의 곁을 좀 더 지켜 주고 싶었지만, 당사자가 어서 가보라고 보채는 듯해 그만 자리에서 일어났다. 그는 그 순간이 살아 있는 선규의 마지막 모습이 될 줄은 꿈에도 몰랐다. 그가 집으로 돌아가 하룻밤 쉬고 이튿날 여명이 밝자마자 선규의 집으로 달려갔을 때였다. 친구의 몸은 삼베로 뒤덮인 채 차갑게 식어 있었다.

선규는 당시 의술로는 원인을 알 수 없는 병을 얻어 영원히 눈을 감았다. 원혜는 친구의 시신 앞에서 오랫동안 울었다. 어머니의 임종을 지킨 이후 가까운 사람의 죽음을 두 번째로 목격하는 순간이었다. 선규의 장례를 치를 때 많은 사람이 모였지만, 그중 원혜가 가장 슬피 울었다.

선규의 관이 땅속으로 들어가는 것을 보며 원혜는 말문이 막혔다. 어머니의 죽음을 목격한 뒤부터 사람은 어디서 왔다가 어디로 가는지 도무지 풀 수 없는 의문에 사로잡혔던 그였다. 그는 선규의 죽음을 계기로 출가할 결심을 완전히 굳혔다. 열심히 수행하여 사람의 삶과 죽음에 얽힌 의문들을 풀고 싶었다.

원혜는 선규의 장례를 치른 뒤 마을 어르신들에게 여쭤보았다.

"어르신, 사람은 죽으면 어디로 가는 겁니까?"

"그걸 어찌 알겠나? 내가 아직 죽지 않았으니 죽음 뒤의 일은 모르겠고 만약 죽는다면 그땐 이 세상 사람이 아니니 그걸 산 사람들에게 알릴 방법이 없잖은가. 그렇기에 자네의 의문은 영원한 수수께끼로 남지 않겠나?"

노인들의 답변은 대부분 이와 같았다. 원혜는 죽은 선규가 어디로 가는지, 자신은 죽어서 어떻게 되는지 알아보기 위해서라도 출가를 하고 싶었다.

결국 선규의 장례가 끝난 뒤 원혜는 자기의 뜻을 아버지에게 전했다.

"아버지, 저는 정말 출가하고 싶습니다."

밥상의 수저를 들던 아버지가 잠시 멈칫하더니 말했다.

"또 그 소리를 하는 게냐?"

아버지가 한숨을 쉬었다.

"저는 출가해 생사의 의문을 풀고 세상 사람들을 제도하고자 합니다. 하루라도 행복하고 평안한 삶을 살도록 이끌어 주고자 합니다. 제가 이 세상에 태어난 건 그 일을 하기 위해서란 걸 분명히 알았습니다."

원혜의 단호하고 확고한 답변에 아버지는 오랫동안 침묵하더니 한마디 했다.

"내가 승려를 만들려고 널 여태 키운 게 아니다."

아버지는 수저를 그냥 내려놓으며 원혜를 바라보았다.

"세상을 떠난 네 엄마가 황금빛 송골매가 머리를 톡톡 치는 태몽을 꿨다더니 결국 넌 출가하려는 운명인가 보다. 승려가 되어 그렇게 목탁을 치겠다는 뜻이었나 봐. 기왕 출가할 거면 만인의 존경을 받는 큰스님이 되어야 한다. 그래야 부처님 가르침을 우매한 중생들에게 알릴 수 있지 않겠느냐?"

아버지는 그렇게 원혜의 출가를 허락했다.

"감사합니다, 아버지. 아버지 말씀대로 반드시 성불하여 세상 사람들을 제도하겠습니다."

그때 돌아가신 어머니를 대신해 집안 살림을 돌보던 원혜의 누이동생 두혜도 한마디 거들었다.

"저는 오라버니가 언젠가는 출가하실 거라고 생각했어요. 속세를 떠나는 게 아쉽지만 부디 성불하길 바랄게요."

이제 열일곱 살인 두혜는 제법 어른스러운 말투로 원혜의 앞날을 빌어 주었다.

그때 원혜는 반송 지팡이 하나를 땅에 꽂으며 두혜에게 말했다.

"두혜야, 이 나무가 살아서 자라면 내가 살아 있는 줄 알고 이 나무가 죽으면 나 또한 죽은 줄 알아라."

두혜는 "피이! 그런 게 어딨어?" 하며 입을 내밀었지만, 멀어져 가는 오라비의 뒷모습을 보며 한참이나 눈물을 흘렸다.

그처럼 아버지와 누이동생을 남겨둔 채 집을 떠난 원혜가 도착한 곳은 문경 공덕산 묘적암(妙寂庵)이었다. 문경은 원혜가 태어나서 자라난 영덕의 서쪽 내륙에 있다. 그렇기에 원혜가 묘적암으로 가려면 청송과 안동, 예천을 지나 문경에 이르기까지 다섯 고을을 지나야 했다. 제법 먼 거리였다.

묘적암은 사불산 대승사에 속하는 암자였다. 대승사는 신라 진평왕 때 창건된 고찰로 사굴산문 계통의 사찰이었다. 원혜는 진작부터 대승사 묘적암에 요연(了然)이라는 큰스님이 주석하신다는 이야기를 들었다. 그래서 먼 길을 마다하지 않고 묘적암까지 찾아가 머리를 깎았다. 요연 선사는 이때 원혜에게 '혜근(惠勤)'이라는 법명을 내렸다. 부지런히 수행하여 부처님 은혜를 갚으라는 뜻이 담긴 이름이었다.

혜근이 처음 묘적암에 도착했을 때였다. 요연 선사는 용건을 묻고 그는 출가할 뜻을 밝히는 의례적인 문답이 있었다. 요연 선사가 물었다.

"젊은이는 왜 출가를 하려는가?"

혜근이 답했다.

"삼계를 벗어나 중생을 이롭게 하려고 합니다."

혜근이 말한 삼계란 중생이 윤회하는 세계인 욕계, 색계, 무색계를 일컫는다. 욕계는 다시 식욕, 색욕, 재욕, 명예욕, 수면욕과 같은 관능과 감각으로 이뤄진 세계로 지옥, 아귀, 축생, 아수라, 인간, 육욕천으로 구성된다. 색계는 관능은 초월했지만, 아직 진심(瞋心)이 남아 있는 세계로 수행의 정도에 따라 초선천, 이선천, 삼선천, 사선천, 정범천으로 나누어진다.

무색계는 탐욕과 진심이 모두 사라진 순수 이념의 세계이다. 무색계는 공무변처, 식무변처, 무소유처, 비상비비상처 등의 사공천으로 이뤄진다.

혜근은 출가 전부터 절에 다니며 불교 교리를 깊이 공부했기에 그렇게 대답할 수 있었다. 요연 선사는 혜근이 중물이 들기도 전에 관념에 치우쳤다는 걸 바로 느꼈다. 그래서 다시 물었다.

"먼 길을 걸어 지금 이곳에 온 것은 어떤 물건인가?"

"이 물건은 말할 줄도 알고 들을 줄도 알며 능히 올 수 있는 물건입니다. 다만 보려 하면 체(體)가 없으나 가히 보고 찾으려면 물건은 아니지만 가히 찾아집니다. 하지만 어떻게 닦아나가야 할지 모르겠습니다."

이렇게 답할 수 있었던 것은 혜근이 출가하기 전부터 불교를 상당히 깊이 공부했으며 비범했다는 걸 보여 주고 있다. 아마 요연 선사는 '어디서 이런 물건이 나타났을까?' 하고 감탄했거나 자신이 감당할 수 있는 제자가 아니라는 걸 느꼈음 직하다. 이에 요연이 말했다.

"나도 너와 같이 온 물건은 아니지만 구하는 것은 아직 남았노라."

이 말을 듣고 혜근은 깊은 생각에 잠겼다. 진리를 찾으러 그 먼 묘적암까지 찾은 것이지만 스승이 과연 그 길을 알려 주실지 확신할 수 없었기 때문이다.

“내게 무엇을 얻기 전 스스로 답을 찾아야 한다. 그러기 위해선 승려가 되려는 몸가짐부터 닦도록 해라.”

이런 당부에 따라 혜근은 묘적암에서 지내며 사미 과정을 착실히 닦아나갔다. 새벽 예불 마치고 아침 공양 후 경전 공부에 울력과 참선 수행 등 어려운 일의 반복이었다. 하지만 날이 갈수록 익숙해져 나중에는 힘든 줄을 모르게 되었다.

그가 묘적암에 출가한 지 어느덧 일 년 가까이 지났을 때였다. 하루는 요연 선사가 물었다.

“혜근아! 사미 생활을 해보니 어떻더냐?”

“처음엔 힘도 들었지만, 지금은 익숙해졌고 세상을 보는 눈도 달라진 것 같습니다.”

“멀고 험난한 게 수행자의 길이다.”

“하온데 제가 출가 전부터 품었던 의문을 하나도 풀지 못했습니다. 이젠 스님께서 알려 주시면 안 됩니까?”

이 질문에 요연은 고개를 저었다.

“네가 알고 싶은 건 나 또한 수십 년 동안 풀지 못한 의문이다. 법을 법이라고 말하면 법이 아니다. 그러니 이젠 이 작은 우물에서 벗어나 넓은 세상을 두루 살펴보아라. 그러면 반드시 얻는 바가 있을 것이다. 내가 처음에 말한 대로 스스로 찾아야 한다.”

혜근은 요연 선사가 자신을 멀리 보내려는 말씀에 서운한 마음이 들었다. 그러면서도 모르는 걸 모른다고 진솔하게 말

씀하시는 스승이야말로 진정한 깨달음을 얻은 분이라는 확신
이 들었다. 다만 그 깨달음을 언어라는 수단으로 전하지 않으
셨을 뿐이다. 스승께선 혜근 자신의 철저한 수행을 통해 스스
로 깨닫기를 원하고 계신 것이라고 여겼다. 그것은 말로 표현
할 수 없는 큰 가르침이었다.

피부가 검은 스님

　스승의 진심을 잘 알게 된 혜근은 며칠 후 묘적암을 떠났다. 그 후 요연 선사의 가르침대로 당대의 큰스님들을 찾아 전국을 떠돌았다. 이때 혜근이 가장 먼저 찾은 곳은 명주의 굴산사였다. 묘적암과 요연 선사가 사굴산문에 속했으니 그 근본 사찰을 찾아 사굴산문의 가르침과 수행 풍토를 익히기 위함이었다.

　그다음으로 찾은 곳은 역시 사굴산문에 속하면서 고려 불교의 성지로 손꼽히는 오대산이었다. 혜근은 오대산 적멸보궁을 비롯해 상원사를 돌아보았고 월정사에서도 한동안 머물렀다. 아직 깨달음에 목말라하던 그 시절, 오대산은 그에게 깊고도 그윽한 법향을 느끼게 했다. 그리하여 월정사를 떠나기 전 언젠가 진리를 깨닫게 되면 오대산에 머물며 부처님 가르침을 몸소 실천하고 중생들에게 전하겠노라고 깊이 발원했다.

그러던 혜근의 발걸음이 멈춘 곳은 지금의 양주 회암사였다.

고려 중기에 창건된 회암사는 1328년(충숙왕 15)부터 중창되어 혜근이 찾아갔을 때는 제법 규모가 큰 절로 손꼽히고 있었다. 회암사는 남쪽의 통도사, 해인사, 송광사에 비해 오대산에서 그리 멀지 않았으며 수도인 개경에서도 가까워 많은 불자가 찾는 수행처였다. 게다가 혜근이 어렸을 때 고려를 방문한 지공(指空) 선사가 특별히 머물며 찬탄했던 도량이라 불교의 성지처럼 인식되고 있었다.

지공은 1300년, 인도에서 태어났다. 그는 마가다국의 만왕(滿王)과 향지국 공주 사이에서 태어났으니 진정한 왕족 출신이었다. 그런 그가 여덟 살에 나란타사로 출가했다. 당시 그의 아버지 만왕이 불치병에 걸려 고통받고 있었는데 그런 아버지의 쾌유를 빌어드리기 위해 출가한 것이다. 어린 나이였지만 왕세자라는 지위를 내려놓고 아버지를 살리려는 효심과 불심이 매우 깊었음을 보여 준다.

이후 지공은 나란타사에서 반야학과 계율을 닦은 뒤 열아홉 살 때는 스리랑카로 건너가 보명 선사에게 가르침을 받고 깨달음을 얻었다. 이때 지공이라는 법명을 받았으며 서천 108대 조사로 추앙받게 되었다.

계율과 선정을 모두 증득한 지공은 인도 전역을 순례한 데 이어 원나라 수도인 대도에 도착하여 진종 황제를 만났다.

"짐이 듣기로는 스님이 능가국과 사자국(지금의 스리랑카)까지 다녀왔다는데 그게 사실이오?"

"사실입니다, 폐하. 그 섬나라에서 보명 선사께 가르침을 받았습니다. 능가국, 사자국뿐만 아니라 서역의 수십 개 국가를 순례하고 서번(티베트)을 경유해 대도까지 이르게 되었습니다. 앞으로도 기회가 된다면 고려국에도 다녀올까 합니다."

"고려엔 왜 간단 말이오?"

"폐하, 고려국에는 금강산이라는 명산이 있다고 합니다. 그 산은 풍광도 빼어날 뿐만 아니라 먼 옛날부터 법기도량(法起道場)으로 손꼽히고 있습니다."

"법기도량이란 무엇을 뜻하는 말이오?"

진종이 묻자 지공은 그 뜻을 설명했다.

"화엄경에는 담무갈보살(曇無竭菩薩)이 자주 나옵니다. 이 담무갈보살은 법기보살과 같은 뜻인데 고려국 금강산에 상주하며 설법하고 계십니다. 법기보살은 1만 2천여 명의 권속을 거느리고 반야 법문을 하시는 것으로 알려집니다. 차제에 소승이 금강산을 방문해 법기보살님께 참배하고자 합니다."

"허허! 고려에 그런 명산이 있단 말이오? 그러면 짐이 스님을 어향사(御香使)로 위촉할 테니 우리 원나라와 황실을 위해 기도해 주길 바라오."

진종이 말한 어향사란 황제와 황실, 국가를 위해 불보살님들께 향 공양을 올리기 위해 파견되는 특별한 사신을 뜻한다.

이처럼 지공은 천축국 출신의 스님일 뿐만 아니라 원나라의 어향사 자격으로 고려를 찾은 것이니 그의 방문은 처음부터 예사롭지 않은 것이었다.

1326년(충숙왕 13), 원나라 간섭기에 인도 왕족 출신의 지공 선사가 방문하자 고려 사람들은 그를 살아 있는 부처님으로 여겼다.

"부처님이 태어나신 천축국에서 큰스님이 오셨대."

"천축국에서 오셨으면 살아 있는 부처님 아니신가."

"그렇고 말고. 어떤 사람이 그러는데, 지공 스님이 달마 대사님의 후손이라더군. 게다가 달마 대사처럼 참선 수행으로 큰 깨달음을 얻으셨대."

"그렇다면 어서 가서 그 살아 있는 부처님 법문을 들어보세."

이렇게 고려 사람들의 관심을 끌게 되어 지공이 찾는 곳마다 인파가 발 디딜 틈이 없을 정도로 거리를 가득 메웠다. 당시 원나라의 간섭을 받고 있던 고려인들은 위축되었고 자존심이 크게 상한 때였다. 그렇기에 중국이 아니라 천축국 출신의 지공에 대한 관심과 경외심은 이루 말할 수 없었다.

원나라 고승으로 추앙받는 지인 스님은 지공 선사에 대해 이렇게 전하고 있다.

… 지공 선사는 피부가 검고 여위었다. 팔이 길어서 무릎 아래에 이른다. 눈동자가 푸르고 응시하면 깜빡이지 않으므로

달마의 모습과 같다. 밤새도록 결가부좌하고 결코 방바닥에 눕지 않았다. 곡식 밥을 먹지 않고 간혹 과일과 차를 바치면 그것도 조금만 먹었다. 남이 가진 마음과 타고난 운명을 잘 알아서 잘잘못을 틀림없이 예측하였다. 그가 말하는 법문은 사물의 됨됨이에 따라서 적절히 대응하였다. 그의 심법은 자신이 타고난 바탕에 의거해서 해탈에 이르도록 지도하였다. 대도 법원사에서 40년 살아가는 동안 방 한곳에 조용히 참선하면서 문밖에 나가지 않았다. 왕과 귀족으로 그의 설법과 꾸지람을 들은 이가 많았고 황제도 예외가 아니었다.

원나라 고승이 이렇게 묘사할 정도였으니 고려 백성은 지공을 아예 부처님처럼 받드는 게 전혀 이상하지 않았다. 그런 지공이 회암사에 이르러 그 규모와 형태를 보고는 깜짝 놀랐다.

"이 절의 지형은 내가 어렸을 때 출가한 나란타사와 똑같소. 그런데 지금은 여러 건물이 낡았으니 중창을 해야 할 것이오."

지공은 이때부터 줄자를 들고 다니며 회암사에 배치된 법당 규모와 통로의 너비를 일일이 측량하고 꼼꼼히 기록해 나갔다. 그와 함께 낡고 기울어진 법당은 바로 세워야 한다며 고려 조정에 중창할 것을 요청했다. 당시 충숙왕은 일반 백성과 마찬가지로 지공을 생불처럼 알고 있었기에 회암사 건물들을 뜯어고치는 일에 적극적이었다.

이후 회암사는 지공은 물론 일본의 고승도 찾아와 수행하는 국제 사찰로 손꼽히게 되었다. 이때가 혜근(원혜)이 출가하기 전인 7~8세 무렵이었다. 원혜가 영덕이라는 외진 곳에서 고려를 찾아온 지공 선사의 존재를 아는 건 쉽지 않았다. 그럼에도 지공이 금강산 유점사에서 설법하고 고려 불자들에게 무상계첩을 내릴 때 원혜 또한 한 사람의 어린 수계자가 될 수 있었다. 전생의 인연이 아니고서는 설명하기 힘든 인연이다.

지공은 고려에 머문 지 2년 7개월 만에 원나라로 돌아갔다. 그 후 혜근은 묘적암으로 출가해 스님이 되었고 요연 선사를 떠나 오대산을 비롯한 전국의 명산을 찾아다니다가 마침내 말로만 듣던 회암사에 이르게 된 것이었다.

그때만 해도 회암사는 중창주인 지공의 자취가 고스란히 서려 있었다. 새로 뜯어고친 건물들도 그랬고 지공이 남기고 간 수행법이나 의례 등도 회암사 대중들에 의해 계승되고 있었다. 그렇기에 혜근은 알게 모르게 지공의 정신과 가르침을 이어받았으며 마음 깊이 흠모했다. 혜근은 무엇보다 어머니를 따라 유점사에 가서 지공 스님의 계첩을 받았고 그걸 늘 품에 지니고 다니는 게 자랑스러웠다.

1344년(충혜왕 5)에 회암사를 찾은 혜근은 외진 방에서 지내며 밤낮 없이 참선 수행에만 몰두했다. 그러던 어느 날이었다. 일본 출신의 석옹(石翁) 선사가 승당으로 내려와 선상(禪床)을 치며 소리쳤다.

"여러 스님들은 이 소리를 듣습니까?"

본디 그곳은 묵언 수행의 공간이었다. 하지만 수행하던 스님들이 아무도 입을 열지 않은 것은 묵언의 공간이라서가 아니라 석옹의 질문에 선뜻 답하지 못했기 때문이다. 이때 혜근은 깨닫는 바가 있어 게송을 지어 석옹 화상에게 내밀었다. 혜근의 행위는 돌발적인 석옹의 말에 화답할 만한 경지에 이른 듯했다.

선불장 가운데 가만히 앉아
정신 차려 눈 뜨고 똑바로 보니
보이고 들리는 것 다른 물건 아니라
다만 본래 옛 주인은 바로 나일세.

석옹은 이와 같은 혜근의 게송을 읽고는 격려해 주었다.
"네 전생의 깨달음이 이번 생에서 꽃을 피우려 하는구나. 그러나 세찬 비바람을 견뎌야 열매를 맺는 법."
혜근이 여쭸다.
"어떻게 견뎌야 하겠습니까?"
"마음의 근본을 찾아야지. 그러면 모든 게 명확해질 것이다."
혜근은 석옹의 격려와 충고에 큰 힘을 얻었다. 그때부터 그는 4년 동안 더욱 치열하게 수행을 거듭했다. 선방에서 함께 수행하던 도반들은 혜근을 '돌부처'라고 부르기 시작했다. 자

리에 앉았다 하면 게으른 노인처럼 움직이지 않는다 해서 '나
옹(懶翁)'이라는 별명도 붙었다. 이 별명은 훗날 혜근 스스로 법
호로 삼게 되어 오늘날까지 전해지게 되었다. 언제나 홀로 산
림에 묻혀 살려는 뜻을 품었던 혜근은 그림자조차 속세에 들
여놓지 않고자 했다.

지독하게 정진하던 혜근은 스물아홉 살 되던 해에 비로소
큰 깨달음을 얻었다.

새봄을 앞둔 늦겨울, 간밤에 내린 눈이 무릎까지 쌓인 날이
었다. 여느 때처럼 좌선을 마친 그가 법당 밖으로 나섰다. 법
당 문 옆에 세워진 빗자루를 들고 부지런히 눈을 쓸어내기 시
작했다. 그의 허리쯤 자란 매화나무에도 눈이 소복이 쌓였다.
혜근은 무심코 그 눈도 털어 주었다. 그러사 막 봉오리를 피우
려는 매화가 보였다. 눈 속의 매화라니!

혜근은 그 꽃을 보는 순간 저도 모르게 '앗!' 하고 외마디 비
명을 질렀다. 바로 그때, 그토록 얻으려고 했던 깨달음이 찾아
왔다. 온 세상이 환희롭게 느껴졌다.

그는 곧바로 방으로 들어가 그 대오의 경지를 칠언율시로
기록했다.

눈과 귀는 원래 자취 없거늘
누가 그 가운데서 원만히 깨칠 것인가?
텅 비어 형상 없는 곳에서 몸을 굴리면

개 짖음과 나귀 울음이 모두 도를 깨침이네.

그가 깨달음을 얻고 오도송을 발표하자 회암사 대중들은 크게 놀라며 자신의 일인 것처럼 기뻐했다. 한편으로는 그동안 혜근이 지독하게 수행하는 모습을 지켜보았기에 그런 결과를 당연히 여기기도 했다.

"혜근 수좌는 반드시 깨달음을 얻을 것으로 여겼는데 정말 그런 때가 왔구먼…."

예순이 넘은 회암사 주지 스님은 아예 혜근에게 법문을 청하기도 했다.

"예로부터 먼저 깨닫는 스님을 스승으로 삼는다고 했소. 그러니 낼모레 초하루 법회 땐 혜근 수좌가 법문을 해 주길 바라오."

이에 혜근이 "그래도 제가 어찌 법문을 하겠습니까?" 하며 사양했지만, 대중들 모두가 법문을 청했다.

"혜근 스님이 혼자 깨달음의 기쁨을 누리기 위해 수행한 건 아니잖습니까? 그 깨달음의 경지가 어떤 것인지, 어떻게 수행해야 스님처럼 대각을 이룰 수 있는지 일러 주셔야 합니다."

이런 성화를 이기지 못한 혜근은 이틀 뒤에 열린 초하루 법회 때 법상에 올랐다. 법당 안팎으로 수백 명의 스님과 신도들이 자리를 채웠다. 모두가 숨죽인 채 법상 위에 앉은 혜근을 바라보았다.

그는 천천히 눈을 떴다. 그의 눈빛은 달랐다. 며칠 전까지만 해도 구도의 절박함으로 이글거리던 그 눈에 이제는 깊은 고요와 자비가 함께 어리어 있었다. 선방에서 4년 정진 끝에 마침내 활구를 깨뜨리고 본래면목을 찾은 눈빛이었다.

"이게 무엇입니까?"

혜근의 목소리가 맑은 아침 공기를 가르며 퍼져 나갔다. 낮지만 또렷했고, 부드러우면서도 힘이 있었다.

"이 산승이 오늘 무슨 말을 하겠습니까? 말하는 순간 이미 벗어나고, 침묵하면 어둠에 떨어집니다. 하지만 대중들 앞에 앉았으니 한마디 하지 않을 수 없습니다."

그는 잠시 말을 멈추고 대중을 둘러보았다. 어떤 이는 눈물을 글썽였고, 어떤 이는 두 손을 모아 가슴에 얹은 채 미동도 하지 않았다.

"청산은 원래부터 청산이고, 흰 구름은 원래부터 흰 구름입니다. 산은 스스로 높다 하지 않고 물은 스스로 낮다 하지 않습니다. 하지만 사람은 스스로를 속이고 마음으로 분별을 짓습니다."

혜근은 손으로 동쪽 하늘을 가리켰다. 아침 해가 중천에 떠오른 상태였다.

"저 해를 보세요. 해는 동쪽에서 뜹니까, 아니면 서쪽에서 뜹니까? 우리가 동쪽이라 이름을 붙인 그곳에서 떠오른다고 생각합니까? 하지만 해는 본래 뜨지도 지지도 않습니다. 다만 우리의 눈이 그리 보는 것뿐이지요."

그때 한 젊은 스님이 조심스럽게 손을 들었다.

"스님, 그렇다면 우리의 생사윤회도 본래 없는 것입니까?"

혜근은 빙그레 미소 지었다.

"생사가 있다고 보면 생사에 얽매이고, 생사가 없다고 보면 허무에 떨어집니다. 그러면 이번엔 내가 묻겠습니다. 지금 스님 앞에 앉아 있는 이 중은 살아 있습니까, 죽었습니까?"

젊은 스님은 한동안 생각한 끝에 답했다.

"살아 있다고 하면 죽음을 부정하는 것이고, 죽어 있다고 하면 삶을 부정하는 것입니다. 저는 어리석어 답을 알지 못하겠습니다."

이에 혜근이 대꾸했다.

"허허허, 스님이 모른다고 하는 그것이 바로 부처입니다."

바로 그때 법당 앞 소나무에서 까치 한 마리가 날아올랐다. 혜근은 그 까치를 바라보며 다시 말을 이었다.

"저 까치를 보세요. 까치는 지금 날아가는 게 아니라 허공이 그 몸을 받아 주는 것입니다. 우리 대중들도 마찬가집니다. 우리가 수행한다고 생각하지만, 사실은 본래 갖추어진 불성이 우리를 통해 드러날 뿐입니다."

혜근은 이렇게 말한 뒤 천천히 일어서며 대중을 향해 깊이 합장했다.

"이 산승도 여러 대중과 다르지 않고 여러 대중도 부처와 다르지 않습니다. 다만 한 생각 미혹하면 중생이 되고, 한 생각 깨달으면 부처가 될 뿐입니다. 그러니 구하지도 말고 버리지도 마십시오. 일상의 매 순간순간 그 자리에서 주인공이 되십시오.”

혜근이 선상을 툭 치자 우렁찬 소리가 대웅전을 가득 채웠다. 그 소리의 여운이 가시자, 혜근이 조용히 말했다.

“설한 것이 많으나 설하지 않은 것과 같고, 들은 것이 많으나 듣지 않은 것과 같습니다. 각자 선방으로 돌아가 이 한마디를 참구하십시오. 뭇생각을 쉬고 그대로 돌아가면, 그것이 바로 고향입니다.”

이렇게 혜근의 법문이 끝나자, 대중은 일제히 삼배를 올렸다. 절을 하는 이들의 눈에서는 깨달음에 대한 갈망과 감사의 눈물이 흘러내렸다. 회암사의 아침 햇살은 그들 모두를 평등하게 비추고 있었다. 혜근은 천천히 법당을 나섰다. 그의 뒷모습은 산속으로 사라지는 구름처럼 고요하고 자유로웠다.

달마 대사 이후 중국에서는 참선 수행자가 깨닫고 나면 먼저 깨달은 스승과 선문답을 통해 그 경지를 인가받음으로써 전등(傳燈)이 이뤄졌다. 고려에서도 마찬가지였다. 하지만 혜근 당시 회암사만 해도 그의 깨달음을 인가할 만한 고승은 별로 없었다. 웬만큼 이름을 알릴 정도의 수행자라면 중국으로 건너가 그곳 선승들의 인가를 받고 법맥을 잇는 게 일반적이었다. 어차피 불교가 중국을 통해 한반도로 전래되었기에 그게 자연스러운 현상이기도 했다.

혜근이 처음 회암사에 왔던 4년 전에 그런 깨달음을 얻었다면 석옹 화상에게 오도송을 보이고 깨달음을 인가받았을 것이다. 하지만 석옹 스님은 일본으로 돌아갔고 고려에는 그를 인가해 줄 만한 고승이 마땅히 떠오르지 않았다.

며칠 후 회암사 주지가 혜근을 불렀다.

"스님, 부르셨습니까?"

혜근이 주지실로 들어가 삼배를 올렸다.

"차나 한잔 나눌까 해서 오시라 했소."

주지가 작설차를 우려내며 말했다.

이런저런 차담을 나누던 끝에 주지가 용건을 말했다.

"혜근 수좌가 큰 깨달음을 이뤘는데 우리 절엔 그걸 인가해 줄 스님이 없으니 안타깝구려. 나 또한 오랫동안 선방을 출입했건만 아직 미혹에서 벗어나지 못했소. 그런데 일찍이 우리 회암사로 출가한 스님 중에 이레 동안 용맹정진하여 큰 깨달음을 얻으신 선사가 있소."

혜근이 그 말을 듣고 보니 떠오르는 스승이 있었다. 바로 태고 보우(太古普愚) 선사였다.

"태고 보우 스님 아니십니까?"

주지가 고개를 끄덕였다.

"바로 그렇소. 그 스님이 원나라로 가서 지공 스님께 배우고 또 임제종의 법맥을 계승하여 얼마 전에 돌아오셨다는 소식도

들었소?”

“그렇습니다.”

“그래서 하는 말인데 혜근 수좌가 보우 스님을 찾아뵙고 깨
달음을 인가받는 게 어떻소?”

주지의 제안에 혜근은 반색했다.

“제가 그 생각을 미처 못했습니다. 감사합니다, 스님.”

혜근은 주지에게 절한 뒤 물러나 걸망을 챙겼다.

길 위의 가르침

　며칠 후 혜근은 태고 보우 선사가 주석하고 있는 양평 사나사(舍那寺)에 도착했다. 회암사보다 규모가 작은 그 절에도 많은 스님들이 수행하고 있었다.

　혜근이 삼배를 올리고 나자, 태고 보우는 예리한 눈빛으로 살펴보았다. 그때 혜근은 걸망에 넣어둔 종이를 꺼내 보우 앞에 펼쳐 보였다.

　"이건 제가 얼마 전에 적어둔 오도송입니다."

　혜근보다 열아홉 살 연상이었으며 법랍으로는 30년이 앞선 태고 보우가 그 오도송을 천천히 읽고는 고개를 끄덕였다.

　"허허허! 혜근 수좌가 열매를 맺었음이야."

　보우의 칭찬을 받은 혜근은 기뻤지만 그걸 내색하지는 않았다.

　"수행자에겐 깨달음만 중요한 게 아니라 그 뒤의 보림도 중요한 법이지."

보림은 보호임지(保護任持)의 준말로 깨친 후에도 수행을 계속하여 깨달음의 경지를 완전히 자기 것으로 만드는 것을 뜻한다. 혜근 또한 책을 통해 그런 내용을 알고 있었지만, 스승을 통해 보림이란 말을 들은 건 처음이었다. 그때 태고 보우는 보림이 필요한 이유를 덧붙였다.

"수행자가 깨달았다면 깨달음이라는 생각이 장애가 될 수 있는 법이거든. 그러니 깨달음에 얽매이지 말아야 해."

"저도 그리 생각합니다."

잠시 후 태고 보우가 한 가지 제안을 했다.

"혜근 수좌, 이번 기회에 원나라에 다녀오는 게 어떤가?"

깨닫고 난 뒤 원나라 유학을 염두에 두었던 혜근이 오매불망 기다렸던 말이다. 일찍이 보우 스님이나 백운 경한(白雲景閑) 등 큰스님들이 원나라로 건너가 중국 선사들과 문답하고 불교 이론을 더욱 깊이 배웠던 것은 그 당시엔 중국이 불교의 선진국이기 때문이었다. 혜근도 그런 대열에 합류하려는 마음이 간절했다.

"큰스님 말씀대로 저 또한 그 길을 모색해 왔습니다만…."

"다만?"

"그러니까 여비도 있어야겠고 또 언어 소통이라든지 하는 게…."

"말이 안 통한다면 필담을 나누다가 차츰 중국말을 익히면 될 게고 여비는 내가 조금 보태 주겠네.”

혜근은 보우의 말에 몸 둘 바를 모를 지경이었다. 그야말로 부처님 가피를 받는 느낌이었다. 결국 혜근은 사나사에 머물며 원나라로 떠나기 위한 준비를 해나갔다. 미리 대도로 가서 지공 선사에게 가르침을 받고 온 태고 보우의 조언이 큰 공부가 되었다. 고려에서 원나라 대도(북경)까지 가려면 배를 타고 서해를 건너거나 걸어서 북쪽으로 올라가 압록강을 건너는 두 가지 길이 있었다.

혜근은 원으로 떠나기 전 속가 고향으로 내려가 일가친척 어르신들에게 인사하고 부모님 묘소도 둘러볼 작정이었다. 그는 출가한 뒤 꼭 한 번 속가를 찾은 적이 있었다. 아버지가 위독하시다는 기별을 받고서였다. 출가 후 처음으로 고향을 찾아가면서 많은 생각을 했다. 아버지가 얼마나 위독하신지, 마을 사람들은 출가한 자신을 어떻게 받아들일지, 출가 후 이렇다 할 성과가 없는 일에 대한 회한도 생겼다.

혜근이 고향에 도착했을 때 아버지는 이미 의식을 잃은 상태였다. 누이동생 두혜가 혜근을 보고 눈물을 흘렸다. 어느새 스물여섯이나 된 누이동생을 보자 가슴이 짠했다. 병석에 누워계신 아버지를 보살피며 혼자 집안 살림을 꾸리느라 결혼할 엄두도 내지 못하고 있었던 누이동생이었다.

“오라버니, 아니 스님!”

“그래, 두혜야. 아버지 보살피느라 얼마나 고생이 많았니.

지금 상태는 어떠서?"

"여러 의원이 검진해 보았지만, 백약이 무효인 것 같아요."

혜근은 아버지의 병상 곁에서 경전을 읽어드렸다. 아버지가 자신의 독경 소리를 듣고 쾌차하시길 비는 마음뿐이었다. 아버지는 비록 의식은 없었지만, 표정이 평온해지는 것 같았다.

그의 정성 어린 기도와 독경에도 아랑곳없이 아버지는 며칠 후 세상을 떠나셨다. 혜근은 아버지의 임종을 지키며 계속 염불해 드렸다. 어머니와 친구 선규에 이어 세 번째로 가까운 사람의 죽음을 지켜보는 순간이었다. 그 또한 혜근에겐 깊은 가르침이었다.

아버지 장례식에는 많은 사람이 찾아와 주었다. 아버지가 관직에 있을 때는 물론 귀향한 뒤에도 성직하고 청렴한 성품이라 많은 이들의 존경을 받았기 때문이다. 조문객들은 스님이 되어 나타난 혜근을 보고는 깜짝 놀라는 사람도 있었고 의젓한 모습에 감탄하는 사람도 있었다.

"출가하더니 정말 스님다워졌구려."

한 마을 노인이 혜근에게 인사했다.

"감사합니다."

"부디 성불하시어 우리처럼 어리석은 중생을 제도해 주세요."

혜근은 아버지의 49재를 지낸 뒤 고향을 떠났다. 그와 함께 누이동생 두혜도 상주의 관음암에 계시는 노비구니 스님께 출가한다며 집을 나섰다. 훗날 혜근은 누이동생이 사미니 생활을 마치고 묘연(妙緣)이라는 법명을 받았다는 소식을 들었다.

아버지의 49재를 마치고 고향을 떠난 혜근은 위로는 깨달음을 구하고 아래로는 중생을 제도한다는 대승 수행자의 본분을 한 번도 잊은 적이 없었다. 그만큼 깨닫기 위한 그의 수행은 철저했다.

그 후 큰 깨달음을 얻은 지금은 더 깊은 공부를 위해 먼 길을 떠날 참이었다.

모처럼 부모님 묘소를 찾아가려는 그는 고향으로 가는 동안 많은 사람을 만났다. 어려운 처지에 있는 농민들, 병든 사람들, 길 잃은 행상들…. 혜근은 할 수 있는 한 그들을 도왔다.

하루는 어떤 마을 입구에서 길가에 쓰러진 노파를 보게 되었다.

"보살님, 어디 편찮으세요?"

겨우 정신을 찾은 노파가 가까스로 일어나 혜근에게 답했다.

"고맙습니다, 스님. 쇤네가 며칠째 굶은 탓인지 힘이 없어서 이렇다우."

혜근은 길 떠나기 전에 챙겨두었던 주먹밥을 노파에게 건넸다.

"보살님, 이거라도 드세요. 얹힐 수도 있으니 천천히 드세요."

노파는 눈물을 흘리며 인사했다.

"스님, 이 은혜를 어떻게 갚아야 할지요?"

"그런 말씀 마시고 어서 기력을 찾으세요. 그게 은혜를 갚는 길입니다.”

노파의 감사 인사를 받으며 길을 계속 가던 혜근은 그날만큼은 밥을 먹지 않아도 배가 부른 것 같았다.

그는 인간의 삶과 죽음의 문제를 풀어보고자 출가했다. 그 후 여러 스승과 문답을 나누기도 했고 스스로 피나는 수행을 통해 진리를 깨달았다. 그렇기에 이제 생사의 문제에 대해서는 누구보다 자신 있게 설명할 수 있을 것 같았다. 하지만 중생을 교화하는 길을 찾는 것은 쉽지 않았다. 자신이 작은 도움을 주었던 노파만 해도 어떻게 부처님 가르침을 전할 것인지 많은 숙제를 남겼다.

문득 세상 이치를 궁금하게 여겼던 어린 시절을 떠올렸다. 선규와 나눴던 우정이나 부모님의 사랑, 늘 스님들의 세계를 동경하던 자기의 내면에 대해서도 생각해 보았다.

‘내가 이 길을 택한 것이 옳았을까?’

가끔 이런 의문이 들기도 했다. 특히 고향 소식을 들을 때면 더욱 그랬다. 하지만 그럴 때마다 마음 깊은 곳에서 확신의 목소리가 들려왔다.

‘이게 네가 가야 할 길이다.’

어느 날, 그는 한 절에서 하룻밤 머물게 되었다. 그날 저녁 공양을 마친 후 나이가 지긋해 보이는 그 절의 주지와 이야기를 나눴다. 그 스님은 혜근처럼 젊은 스님들의 성급함을 뼈아프게 지적했다.

"난 요즘 젊은 스님들에게 못마땅한 게 많소."

"어떤 점이 못마땅하신지…."

"뭐든지 성급하다오. 머리 깎은 지 몇 년도 지나지 않아 높은 자리에 올라가려는 스님들도 있고 또 나 같은 사람은 평생 얻지 못한 깨달음을 불과 2~3년 만에 얻으려고 하는 스님들도 많습디다."

이때 혜근은 자신을 두고 하는 말인가 싶어 속으로 뜨끔했다.

"그러시군요."

"그런 스님들을 내가 많이 봤단 말이오. 진정한 깨달음이라는 건 잘 익은 술처럼 천천히 익어가는 게 아니겠소?"

혜근은 그 말을 들으며 많은 생각이 들었다. 혹시 나도 성급한 것은 아닐까?

고향으로 돌아간 그는 부모님이 나란히 모셔진 묘지 앞에서 삼배를 올렸다. 그리고 말했다.

"어머니, 아버지. 제가 그동안 열심히 수행한 끝에 조금 깨달은 것 같아요. 하지만 더 깊은 공부를 하고 많은 일을 하기 위해 원나라에 다녀올까 합니다."

그가 출가하면서 집 앞 빈 땅에 꽂아둔 반송 지팡이는 생기 있게 잘 자라고 있었다. 누이동생마저 출가해 텅 빈 채 기울고 있는 그의 생가와 대조적이었다.

지공의 인가

혜근은 압록강 가에 서서 중국 땅을 바라보았다. 강바닥에서 얼음이 녹아 흐르는 소리가 들렸다. 겉으로는 고요해 보이지만 속으로는 끊임없이 무언가가 움직이는 것이 마치 혜근 자신의 마음과 같았다.

"스님, 강을 건너시려면 이쪽으로 오세요!"

강가에서 한 사람이 손을 흔들고 있었다. 혜근이 그쪽으로 다가서자, 상인 행색을 한 사내가 말했다.

"중국으로 가시려는 모양이군요."

"그렇습니다. 대도까지 가려고 합니다."

"저희도 대도로 갈 겁니다. 거긴 멀기도 하고 요즘엔 도둑들이 많아서 혼자 가시면 위험합니다. 마침 상인들이 무리를 지어 가는데, 함께 가시는 게 어떨까요?"

혜근이 고개를 끄덕였다. 잠시 후 상인 무리에 합류한 혜근은 그들과 함께 압록강을 건너가 중국 땅에 들어섰다. 일행 대부분 비단과 인삼을 가지고 가는 고려 상인들이었다.

"스님은 대도에 무슨 일로 가시는 겁니까?"

한 상인이 혜근에게 물었다.

"법을 구하러 갑니다."

"법이요? 아, 불법을 말씀하시는군요? 그런데 우리 고려에도 훌륭한 스님들이 많은데 굳이 멀리까지 가실 필요가 있나요?"

잠시 생각하던 혜근이 대답했다.

"우물 안 개구리는 바다를 모르는 법이지요. 더 큰 바다를 보기 위해서는 우물을 벗어나는 게 순서 아니겠습니까?"

상인이 고개를 끄덕였다.

"아, 그렇군요. 하지만 조심하셔야 합니다. 중국 땅은 고려보다 훨씬 넓고 복잡합니다. 길을 잃기 쉽거든요."

"고맙습니다. 옳은 길을 찾아보겠습니다."

혜근은 그 상인들과 함께 걸으며 중국에 대한 많은 이야기를 들을 수 있었다. 원나라는 여전히 강하지만 곳곳에서 민란이 일어나는 중이라고 했다.

"북방의 몽골족이 세운 나라라서 그런지 여러 지역에서 민란이 일어났고 앞으로도 계속 일어날 것이라는 소문이 돌고 있습죠."

한편 어떤 상인은 스님들의 법문이 저마다 달라 어떤 말씀이 옳은지 헷갈린다는 불평도 했다. 혜근도 공감하는 말이었기에 그들이 알아듣기 쉽게 설명할 필요를 느꼈다.

"소승도 그럴 때가 많습니다. 같은 부처님 말씀이라도 그 말씀을 중생들이 쉽게 알아듣고 실천할 수 있도록 하려고 여러 종파가 생기다 보니 그리된 것입니다. 하지만 겉으로는 다르게 들릴 수도 있지만 따지고 보면 다 같은 말씀이지요. 흔히 지금의 불법을 크게 선과 교 양종으로 구분하는데 옛 고승들께선 선은 부처님 마음이요, 교는 부처님 말씀이라 했습니다. 마음으로 깨닫거나 말씀을 듣고 이해하거나 결국은 한가지라는 뜻입니다."

혜근의 말에 상인들은 수긍하는 눈치였다.

"그러고 보니 스님 말씀도 일리가 있구먼요. 하긴 우리 같은 장사꾼들이 그 어려운 법문을 어찌 알겠습니까?"

혜근은 그때 남녀노소 누구에게든지 부처님 가르침을 쉽게 전할 방법이 없을까 고민해 보았다. 잠시 후 한 상인이 말했다.

"제가 듣기로는 요즘 원나라 지공 선사와 평산 처림 선사는 모든 사람이 존경하는 큰스님들이라고 하더군요."

그 말에 혜근이 반색했다.

"그렇습니까? 안 그래도 소승은 지공 선사부터 만나뵈려던 참이었습니다. 나중엔 평산 큰스님도 뵐 예정이고요."

"잘 생각하셨습니다. 지공 스님이 고려에 다녀가신 지도 어느새 20여 년이 넘은 것 같습니다. 그땐 고려 사람들 모두가 생불이 오셨다며 난리가 났었지요."

혜근은 그 말을 듣고는 고개를 끄덕였다.

"그렇다고 들었습니다. 소승은 어렸을 때 어머니를 따라 금강산까지 가서 지공 스님을 먼발치에서 뵙고 또 계첩도 받았습니다. 아직도 이 품속에 지니고 있습니다."

혜근의 말에 상인들은 입을 다물지 못할 만큼 감탄했다.

"아! 그런 인연이 있으셨군요. 하긴 그땐 남녀노소가 지공 스님 뵙는 게 소원이라 그 스님이 가시는 곳마다 인산인해였지요."

"스님이 어린 나이에 지공 스님의 계첩을 받고 지금껏 간직하고 계시다니 지공 스님의 제자나 마찬가지 아니십니까?"

한 상인이 묻자, 혜근이 손사래를 치며 말했다.

"아, 아닙니다. 아직 그런 단계는 아닙니다."

혜근은 그렇게 말하고 나자 하루빨리 지공 스님을 뵙고 싶었다. 과연 지공 선사는 자신의 깨달음을 어떻게 평가할지 걱정스럽기도 했다.

한편 대도로 향하는 여행길은 순탄치 않았다. 어느 날 오후에는 산적들이 나타나 혜근과 고려 상인 일행을 습격했다. 상인들은 두려워하면서도 산적들에게 어느 정도의 돈과 물건을 내주었다. 그런 일을 자주 겪어본 사람들답게 산적들에게 바칠 물건을 따로 마련해 두었기에 가능한 일이었다. 다만 걸망 하나만 메고 있던 혜근은 그들에게 줄 물건도 없었지만, 그럴 마음도 없었다.

"이봐, 중은 가진 게 없나? 그대도 통행세를 바쳐야지."

산적 두목이 혜근에게 물었다.

"우리 같은 승려에겐 빼앗을 게 없을 것이다."

"그래? 그대가 입은 승복이 제법 비싸 보이는데 한번 벗어 볼 텐가?"

산적 두목이 혜근의 가사를 잡아당기려 했다. 그때만 해도 혜근의 승복이 비싼 것은 아니었지만 깨끗이 빨아 다림질하여 새 옷처럼 보였다. 두목이 행패를 부리는 순간 혜근은 상대의 눈을 똑바로 바라보았다. 두목은 그 눈빛에 압도된 것인지 갑자기 몸이 굳어버렸다. 그때 옆에 서 있던 부하가 만류했다.

"두목님, 이 스님은 그냥 두시죠. 스님들에게 행패를 부리면 부처님께 벌을 받는다잖아요."

부하들이 말하자 두목은 슬그머니 뒤로 물러섰다.

"좋다. 이번엔 내가 봐준다. 하지만 다음엔 가만두지 않을 거야!"

그렇게 말한 산적들이 히히덕거리며 저만치 떠나자, 고려 상인들이 혜근에게 물었다.

"우린 걸핏하면 당하는 일이라 이런 때를 대비해 뒀지만, 스님은 어찌 그렇게 담담하고 당당하십니까?"

"중들이야 본래 생사를 초월해 수행하는 사람들이니 뭐가 두렵겠습니까? 도적들 앞이라고 기가 죽을 건 없지요."

그가 훗날 누더기 승복을 즐겨 입고 '백납가'라는 가사를 지어 부른 것은 이때의 일이 큰 계기가 되었다.

혜근은 그런 일들을 겪으며 고향에서 출발한 지 넉 달 만에야 마침내 원나라 수도인 대도에 이르렀다. 1347년 동짓달에 고려를 출발해서 이듬해인 1348년 3월에야 도착한 것이다.

"스님, 그럼 열심히 공부하셔서 성불하십시오."

그동안 길동무가 되어 주었던 상인들이 그에게 작별 인사를 건넸다. 혜근도 그들에게 합장했다.

"몇 달간 좋은 인연이었습니다. 부디 건강한 몸으로 고국에 돌아가시길 바랍니다."

혜근은 지나가던 중국인들에게 법원사(法源寺)로 가는 길을 물었다. 대도까지 이르는 동안 고려 상인들에게 기본적인 인사법이나 흔히 쓰는 용어를 배워두긴 했지만, 아직 중국말이 서툴렀다. 그래서 '법원사'라는 절 이름도 미리 종이에 써두었다가 필담으로 물었다.

지공 선사가 주석하고 있던 법원사는 고려와 서글픈 사연으로 얽힌 절이었다. 법원사가 창건된 것은 당나라 태종 때였다. 당 태종은 즉위한 뒤 수십만 명의 군사를 일으켜 고구려를 침략했다. 당시 군사 강국이며 중국인들이 두려워하던 고구려를 짓밟기 위해서였다. 그런데 당 태종은 고구려를 제압하기는커녕 오히려 참패한 뒤 대도로 후퇴하고 말았다. 당 태종은 그때 고구려 정벌에 동원됐다가 숨진 수많은 병사의 영가천도를

위해 법원사를 창건했다. 그 후 한반도에 세워진 고려는 국호
와 정체성을 고구려에서 계승한 것이니 법원사는 고려와 인연
이 있는 절이라 할 수 있지 않은가.

한편 고려를 방문해 2년 7개월 동안 머물던 지공은 중국으
로 돌아간 뒤 줄곧 법원사에 주석하고 있었다. 당시 법원사는
태고 보우, 백운 경한, 무학 자초(無學自超), 축원 지천(竺源智泉)
등 고려에서 찾아온 많은 스님들이 머물던 수행처였다. 그들
은 지공의 인가를 받거나 지공의 제자로서 법원사에서 수행했
다. 혜근도 그런 고려의 유학승이었다.

마침내 법원사에 도착한 혜근은 웅장한 사찰의 모습에 압
도되었다. 그러면서도 그 절에서 풍기는 고요하면서도 깊은 선
기(禪氣)에 마음이 끌렸다.

"지공 선사를 뵙고 싶습니다."

혜근이 말하자 한 스님이 선당으로 안내했다. 그곳에 어려
서 잠깐 뵈었던 지공 선사가 앉아 있었다. 맑고 예리한 눈빛을
가진 검은 피부의 고승이 혜근을 가만히 보고 있다가 물었다.

"어디서 왔는가?"

혜근은 지공의 말을 눈치껏 알아듣고는 종이에 글씨를 써서
답했다.

"고려에서 왔습니다."

"누가 그대를 여기로 오라고 하던가?"

"스스로 왔으며 뒷사람을 위해 왔습니다."

혜근은 다시 어머니를 따라 금강산 유점사까지 걸어가 지공 선사가 펼친 무생계 수계법회를 참관했던 일곱 살 때의 일을 떠올렸다. 그 어린 시절 먼발치에서 뵈었던 지공 선사가 20여 년이 훌쩍 지난 지금은 현실로서 다가왔다. 그땐 지공 선사의 말을 알아들을 수 없었지만, 지금은 눈빛만으로도 의사소통이 가능할 듯했다.

그는 잠시 틈을 내어 품속에 간직한 '무생계첩'과 '정녀방장(正女方丈) 전법도'와 발원문, 지공이 친필로 쓴 '초서범자'를 꺼냈다. 모두 그가 금강산으로 갔을 때 지공 스님이 수계 신도들에게 나눠 준 문서들이었다.

"이건 제가 일곱 살 때 고려를 찾으신 큰스님께서 주관하신 무생계 수계법회 때 받아 지니게 된 것들입니다. 전 그때 큰스님 말씀을 알아듣지 못했지만, 아직도 이것을 품에 간직하고 다닙니다. 그리고 지금은 큰스님의 가르침을 직접 받고자 이렇게 찾아뵙게 되었습니다."

혜근이 계첩 등을 보여드리자, 지공은 눈을 크게 뜨며 놀랐다. 그러더니 자신의 고려 시절을 회상하기라도 하듯 미소 지었다.

"그렇다면 스님과 나는 구면이로군. 우리 만남은 필연이로군."

"그런가 봅니다, 큰스님."

그날 밤 지공은 혜근을 대중 방에서 머물게 했다. 혜근은 이

틈날 아침 다시 지공을 찾아가 새로 쓴 오도송을 보여드렸다.

산하와 대지는 눈앞의 꽃이요,
삼라만상 또한 그러하네.
자성이 원래 청정한 줄을 알았으니
온 세계 티끌마다 법왕의 몸이라네.

게송을 읽고 난 지공이 말했다.

"인도 땅 20여 분 조사와 중국 땅 72분 종사들은 모두 빼어난 분들이다. 하지만 그중에서도 일등인이요, 찾기 힘든 인물이 바로 수좌(혜근)로구나. 내게는 그 누구도 없다. 앞에도 없고 뒤에도 없으며 빙 둘러봐도 없다. 온갖 그물을 벗어닌 이 지공이라 법왕의 몸이 어디 있단 말인가?"

이에 대해 혜근은 다시 게송을 써서 답했다.

법왕의 몸, 법왕의 몸이여,
삼천의 주인이 되어 중생을 이롭게 하네.
천검을 뽑아 들고 부처와 조사를 베는데
백양이 모든 하늘을 두루 비추네.

나는 지금 이 소식 알았지만
그래도 우리 집 정력만 허비했네.

신기하구나, 정말 신기하구나.
부상(扶桑)의 해와 달이 서천을 비추네.

여기서 백양은 '지공이 머물던 방장실'을 가리키니 다시 말해 지공 선사를 일컫는 말이다.

지공과 혜근의 문답은 이와 같은 게송이나 선문답 형식으로 계속 이어졌다.

하루는 지공이 혜근에게 말했다.

"아버지도 개요, 어머니도 개며 너도 바로 개다."

이에 혜근은 절을 올리고 물러갔다. 며칠 후 매화 한 송이가 피자 지공은 그것을 보고 게송을 지었다.

잎은 푸르고 꽃은 피었네, 한 나무에 한 송이
사방팔방에 짝할 것 하나도 없네
앞일은 물을 것 없고 뒷일은 영원하리니
향기가 이르는 곳에 우리 임금 기뻐하네.

혜근은 이 게송에 대해 다음과 같이 답했다.

해마다 이 꽃나무가 눈 속에 필 때
벌 나비는 분주해도 새봄인 줄 몰랐더니
오늘 아침에 꽃 한 송이 가지에 가득 피어

온 천지에 다 같은 봄이로다.

하루는 지공이 혜근에게 법어를 내렸다.

선(禪)은 집 안이 없고 법(法)은 밖이 없나니
뜰 앞의 잣나무를 아는 사람은 좋아한다네.
청량대 위의 청량한 날에
동자가 세는 모래를 동자가 안다네.

이에 혜근이 답했다.

들어가도 집 안이 없고 나와도 밖이 없어
세계마다 티끌마다 선불장이네.
뜰 앞의 잣나무가 새삼 분명하니
오늘은 초여름 사월 초닷새라네.

하루는 지공이 물었다.
"이 승당 안에 달마가 있는가, 없는가?"
혜근이 답했다.
"없습니다."
"그대는 저 밖에 있는 재당(齋堂; 공양간, 식당)을 보는가?"
"아닙니다, 아닙니다."

이렇게 대답한 혜근은 곧바로 승당으로 들어갔다.

이에 지공이 시자를 보내 혜근에게 대신 묻게 했다.

"선재 동자가 쉰세 분 선지식을 두루 찾아 뵙고 마지막으로 미륵보살을 뵈었지. 그때 미륵보살이 손가락을 한 번 튕기니 문이 열렸고 그래서 선재는 들어갔네. 그런데 자네는 어찌하여 안팎이 없다고 하는가?"

혜근이 답했다.

"그때 선재는 그 속에 이르지 못했습니다."

시자가 그대로 전하니 지공이 말했다.

"이 스님이야말로 고려의 노비(가장 뛰어나다는 뜻을 가진 반어법)로다."

이와 같은 문답들은 지공이 다각도로 혜근의 근기를 찔러보고 살펴보아 그 깨달음의 깊이를 인정했음을 짐작하게 한다. 지공은 결국 이렇게 말했다.

"훌륭하다. 오늘부터 혜근 수좌는 법원사의 판수(板首; 首座)이다."

판수는 수좌의 다른 말로 선종 사찰의 수행자들 중 방장 다음으로 으뜸가는 직책을 일컫는다. 이로써 법원사 대중 방에서 머물러 왔던 혜근은 그곳 대중을 이끄는 지도자 지위에 올랐으며 숙소 또한 판수실로 옮겼다. 이런 지위는 혜근이 원나라에 머물던 10년 동안 계속 이어졌다.

평산 처림에게 이어받은
임제종 법맥

　혜근이 법원사에 머물며 지공의 가르침을 받은 지 1년가량 지났을 때였다. 1350년(충정왕 2) 3월 10일, 걸망을 둘러멘 그가 지공에게 인사했다.

　"스님, 다녀오겠습니다."

　법원사를 출발한 그는 중국 남부에 있는 사찰들을 순례하며 여러 선사들과 문답하고 가르침을 받았다. 대도를 떠난 혜근이 먼저 향한 곳은 지금의 강소성 남현에 있는 통주였다. 대도에서 남쪽으로 한 달가량 걸어야 닿는 거리였다. 그곳에서 배를 탄 그는 4월 8일 무렵 절강성 임안에 있는 휴휴암(休休菴)에 이르러 그 절에서 하안거에 들었다. 휴휴암은 고려 후기의 선불교에 큰 영향을 주었던 몽산 덕이(蒙山德異) 선사가 주석하던 사찰이다.

　만년의 몽산은 원나라보다 고려의 승려들과 교류가 많았다고 할 정도였다. 그만큼 고려의 선불교에 지대한 영향을 주었던 고승이다. 송광사 10세 사주인 혜감 국사 만항(萬恒) 선사는 몽산 덕이의 법을 고려에 널리 전한 대표적인 승려로 손꼽힌다. 만항은 몽산 덕이가 편찬한 『육조대사법보단경』을 구하여 강화도 선원사에서 간행하기도 했다. 이는 한반도에서 유통되었던 최초의 『육조단경』으로 알려지고 있다.

휴휴암에서 하안거를 마친 혜근이 떠나려 하자 그곳 노스님이 옷소매를 잡으며 말렸다.

"혜근 수좌는 며칠 머물다 가면 안 되겠소?"

"해제를 했으니 바로 떠날까 합니다."

혜근은 떠나기 전 게송을 써서 노스님에게 전했다.

쇠지팡이를 날려가며 휴휴암에 이르러
쉴 곳을 얻었거니 그대로 쉬어버렸네.
이제 이 휴휴암을 버리고 떠나거니와
사해와 오호에서 마음대로 놀리라.

그러나 노스님의 간절한 부탁을 뿌리치지 못해 며칠 머물다 다시 길을 떠났다. 그 뒤 절강성 항현 남병산에 있는 정자선사(淨慈禪寺)에 이르렀다. 정자선사의 노스님이 혜근에게 물었다.

"스님은 어디서 오셨소?"

"고려에서 온 혜근이라 합니다."

"고려에도 참선법이 있소?"

이에 혜근이 그 스님에게 게송을 써서 답했다.

> 해 뜨는 우리나라에서 해가 떠야
> 강남땅 산과 바다는 함께 붉어집니다.
> 같고 다름을 묻지 마세요
> 신령한 빛은 언제나 통합니다.

이에 노승은 아무 대꾸도 하지 못했다.

"이곳에 평산 처림(平山處林) 선사가 계신 것으로 압니다. 뵙고 싶습니다."

평산 처림은 임제종 양기파에 속한 인물로 당시 원나라 최고의 선걸(禪傑)로 손꼽히던 고승이었다. 그는 선어록의 최고봉으로 손꼽히는 『벽암록』의 저자 원오극근(圜悟克勤)의 10대손으로 알려진 인물이다. 혜근이 힘들여 원나라를 찾은 것은 지공 선사와 더불어 평산 처림의 인가를 받기 위함이었다. 그렇기에 정자선사를 방문한 것은 그에게 매우 중요한 의미가 있었다. 그럼에도 그곳 노승이 "고려에도 참선법이 있느냐?"고 묻자 '해는 고려에서 떠 중국으로 이동하는 것이고 신령한 빛은 언제나 한 빛'이라며 일갈한 것이다.

"평산 스님은 지금 승당 안에 계시오."

노승의 답변을 듣고 난 혜근은 승당 안으로 들어가 이리저리 거닐었다. 그러자 평산 선사가 물었다.

"그대 어디에서 왔는가?"

"대도에서 왔습니다."

평산이 또 물었다.

"대도에서 누굴 만나고 왔는가?"

"인도에서 온 지공 스님을 뵙고 왔습니다."

"지공은 날마다 무슨 일을 하던가?"

여기서부터 본격적인 선문답이 시작되었다.

"날마다 천 자루의 칼을 씁디다."

혜근의 답이 떨어지자마자 평산이 날카롭게 물었다.

"지공이 쓴다는 천 자루의 칼은 그만두고 그대가 쓰는 한 자루 칼이나 가져와 보게."

혜근만의 깨달음을 요구하는 질문이었다. 이때 혜근은 바닥에 있던 방석을 들어 평산에게 후려쳤다. 봉변을 당한 평산이 선상 위에 쓰러지면서 소리쳤다.

"고려의 도적놈이 나를 죽인다!"

이때 혜근은 평산을 바로 일으켜 세운 뒤 말했다.

"방금 보셨다시피 제가 쓰는 칼은 사람을 죽이기도 하고 살리기도 합니다."

"하하하! 이제 차를 마시러 가세."

평산은 혜근의 손을 꼭 잡으며 방장실로 들어갔다.

혜근은 그날부터 평산과 함께 머물며 참선 수행에 전념했다. 몇 달이 지난 뒤 평산 선사가 혜근에게 글을 적어 주었다.

> 고려에서 온 혜근 수좌가 이 늙은이를 찾아왔는데, 그가 하
> 는 말이나 토해내는 기상을 보면 부처님이나 조사 스님과 걸
> 맞다. 조사의 가르침을 읽어내는 눈이 더없이 밝고, 깨친 바
> 가 높고 험하며, 말 속에는 메아리가 있고, 글귀마다 칼날을
> 감추었다. 여기 설암 스님께서 나의 스승 급암 스님께 전해
> 주신 가사 한 벌과 불자 하나를 주어 내 믿음을 나타내고 이
> 게송을 짓는다.

이 글에서처럼 평산은 대대로 물려받은 가사와 불자를 혜근
에게 전함으로써 혜근을 법제자로 인정했다. 이와 같은 절차
로 혜근은 학수고대하던 평산의 인가를 받고 그의 법을 이어
받았다. 이것은 혜근 개인뿐만 아니라 고려 불교에 있어 최고
의 영광이 아닐 수 없다. 이날 평산이 혜근에게 내린 게송은
다음과 같다.

> 이제 가사와 불자를 그대에게 맡기련다.
> 그대는 돌 속에서 꺼낸 티 없는 옥이로다.
> 영영 맑을 그 계행은 깨달았기 때문이지.
> 선정과 지혜의 빛 함께 갖춘 그대여.

이듬해인 1351년 2월 2일이었다. 혜근이 정자선사를 떠나려 하자 평산은 다시 한번 그에게 글과 게송을 적어 주며 앞날을 격려했다.

고려에서 온 혜근 수좌가 먼 길을 돌아 돌아 이 호숫가에 와서 서로 의지하고 지내다가 다시 두루 스승을 찾아보고 싶어 내게 거침없이 나아가게 할 글을 써달라고 한다. 토끼뿔 주장자를 들고 천암(千巖) 스님의 깨달음으로 들어갈 수 있도록. 그곳에서 모든 조사스님들이 세운 방편을 한꺼번에 부숴 버리면 주고받을 것 없는 곳에서 반드시 주고받을 것이 있을 것일세. 이에 게송을 지어준다.

회암의 판수가 운문을 꾸짖고
백만의 하늘과 사람 한입에 삼켰네.
다시 밝은 스승을 찾아 참구한 뒤에
집으로 돌아가 하는 설법은 성낸 우레가 달리리.

훗날 혜근이 고려로 귀국해 공민왕을 만났을 때였다.
"평산 처림 선사는 어떤 분이십니까?"
혜근이 답했다.
"그분은 가슴 속의 몹시 독한 기운이 하늘을 찔러 불조(佛祖)도 감히 그 앞으로 나아가지 못할 분입니다. 임제의 미친 바람이 우리 고려에까지 불어닥쳐 만년을 전해 갈 것입니다."

혜근은 이런 평산 처림에게 작별 인사를 건넨 뒤 절강성 명주(明州)에 있는 보타락가산을 찾아갔다. 보타락가산은 지금의 상해 남쪽에 있는 산으로 관세음보살의 성지로 알려진 곳이다. 혜근은 이곳에서 직접 관세음보살을 친견한 뒤 육왕사(育王寺)로 돌아가서는 석가상에 절했다. 이때 육왕사의 오광(悟光) 노스님은 혜근에게 다음 게송을 주었다.

> 분명히 눈썹 사이에 칼을 들고
> 때를 따라 죽이고 살리는 게 모두 자유로우니
> 마치 소양에서 신령스러운 나무 보고
> 즐겨 큰 법을 상류에 붙이는 것 같구나.

혜근은 그 뒤에도 설창·무상·고목 선사 등과 선문답을 나눴다.

1352년(공민왕 원년) 4월 2일에는 절강성 무주(婺州)에 있는 복룡산으로 갔다. 그 산에는 천암 선사가 주석하고 있었다. 한 해 전 혜근이 정자선사를 떠나려 할 때 평산 처림이 게송을 내리며 꼭 찾아뵙길 권했던 고승이다.

"무주 복룡산에 가거든 꼭 천암 선사를 찾아뵙도록 하게."

이 말을 기억하고 있던 혜근은 무주 복룡산으로 가던 중 때마침 천암 선사가 천여 명의 스님을 모아놓고 자신의 뒤를 이을 스님을 가리는 시험을 치를 예정이라는 소식을 들었다. 마침내 복룡산에 이른 혜근도 게송을 지어 천암 선사에게 올렸다. 이에 천암이 혜근을 방으로 불러 물었다.

"수좌는 어디에서 오는 길인가?"

"정자선사에서 왔습니다."

"그럼 부모님이 낳아 주시기 전엔 어디서 왔는가?"

"오늘은 사월 초이튿날입니다."

혜근의 답변을 듣고 난 천암은 깜짝 놀라며 말했다.

"눈 밝은 사람은 속이기가 어렵구나."

천암은 곧이어 자신의 법을 혜근이 잇도록 했다. 다시 말해 혜근은 이날 원나라 수좌들 천여 명을 제치고 천암의 법을 잇는 탁월함을 보여준 것이다. 혜근은 이렇게 천암에게 인정받고 입실을 허락받아 복룡산에서 한 철을 보냈다.

광제선사 주지가 되어

　천암의 법제자가 된 혜근은 그해 하안거를 마친 뒤 다시 길을 떠났다. 이후 상해 서남쪽 황포강 부근에 있는 송강 땅에서 요당, 박암 스님을 차례대로 뵙고 1353년(공민왕 2) 3월에 다시 대도에 있는 법원사로 돌아갔다.

　이때 혜근은 명절을 맞아 고향에 계신 부모님을 찾아뵙듯 지공 선사를 다시 뵈었다. 이 무렵에는 고려에서 찾아온 후학 무학 자초(無學自超)도 법원사에 머물고 있었다.

　무학은 열여덟 살에 송광사로 출가한 뒤 용문산, 묘향산 등에서 수행하였다. 그러다가 원나라 지공에게 깨달음을 인가받기 위해 법원사를 찾은 것이었다. 태고 보우, 백운 경한, 축원 지천(竺源智泉), 나옹 혜근 등 고려의 고승들이 대도의 법원사를 찾은 이유와 같았다. 법원사는 고려 유학생들이 법을 얻기 위해 찾아가는 대학원 같은 수행처였다.

“제가 삼천팔백 리를 찾아와서 화상의 면목을 뵙니다.”

무학의 인사를 받은 지공은 단박에 그의 그릇을 알아보고는 소리쳤다.

“네가 고려인을 모두 죽이겠구나.”

이처럼 지공의 인가를 받자, 법원사 대중은 모두 크게 놀랐다. 나옹 이후로는 어떤 제자의 깨달음도 인정하지 않던 지공이 모처럼 인정하는 말을 했기 때문이다.

훗날 백운 경한, 태고 보우, 나옹 혜근은 고려 말의 삼화상으로 일컬어진다. 그런가 하면 지공, 나옹, 무학은 고려말에서 조선 초를 잇는 삼화상으로 불리기도 한다. 그들이 법원사를 통해 만나고 스승과 제자로서 인연을 맺었다는 공통점을 가지고 있으며 고려 후기 불교에 지대한 영향을 끼쳤던 까닭이다.

“큰스님, 그동안 평안하셨습니까?”

오랜만에 돌아온 혜근이 인사하자 지공은 매우 반갑게 맞아 주었다.

“잘 다녀왔는가?”

“덕분에 잘 다녀왔습니다.”

“그럼 차 한잔 해야지.”

방장실로 들어간 지공은 혜근에게 손수 차를 따라 주었다. 곧이어 벽장에서 가사 한 벌과 불자를 꺼내 혜근에게 건넸다. 혜근을 법제자로 인정하는 상징적인 행위였다. 아울러 혜근의 깨달음을 인정한다는 내용을 범어로 쓴 글도 주었다.

지공은 다시 혜근에게 차를 따라 주며 게송으로 말했다.

> 백양에서 차 마시고 정안에서 과자 먹으니
> 해마다 어둡지 않은 한결같은 약이네.
> 동서를 바라보면 남북도 그렇거니
> 종지 밝힌 법왕에게 천검을 준다.

이에 혜근도 게송으로 답했다.

> 스승님 차를 받들어 마시고
> 일어나 세 번 절하니
> 다만 이 참다운 소식은
> 예나 이제나 변함없습니다.

이처럼 지공으로부터 여러 차례 법을 이어받은 혜근은 얼마 전 법원사에 도착했다는 무학을 만나 이야기를 나눴다. 무학은 법원사에 있으면서 험한 일을 마다하지 않았다. 매일 공양 간 일과 마당 청소, 경전 공부와 참선 수행 등을 반복하며 바쁜 나날을 보내던 중이었다. 그러다가 혜근과 상면하게 된 것이다. 이는 무학 인생의 큰 분수령을 이루는 일이었다.

"스님, 고려에서 온 무학이 인사 올립니다."

혜근이 법원사로 돌아와 지공과 법담을 나눈 뒤였다. 자신의 방에서 잠시 쉬고 있을 때 밖에서 무학이 인기척을 냈다.

"오, 그래! 어서 들어오게."

방으로 들어선 무학은 삼배를 올린 뒤 자리에 앉았다.

"대도로 오는 동안 자네가 법원사로 도착했다는 소식을 들었네. 이 먼 곳에서 고려의 스님을 만나다니 참으로 반갑구먼. 그래 법원사에 있는 동안 무슨 일을 했는가?"

혜근의 물음에 무학은 법원사에 도착한 뒤의 일들을 말했다.

"그러니까 출가한 지 꽤 되었는데도 밥 짓고 마당 쓰는 일까지 했단 말이지?"

"그렇습니다. 그런 일을 하다 보니 몸과 마음이 저절로 가벼워지는 듯합니다."

"당연하지. 하심을 익히는 게 수행자의 가장 큰 공부 아닌가."

그날 무학은 혜근을 스승으로 모실 수 있게 해달라며 청했고, 혜근은 그 뜻을 기꺼이 받아들였다.

혜근은 법원사에서 한 달 정도 더 지내다가 다시 걸망을 멨다. 그가 향한 곳은 옛 연나라 땅이던 하북성 쪽이었다. 그후 1356년(공민왕 5) 1월, 법원사에서 수행하던 무학의 편지를 받았다. "3년 동안 지공 스님께 가르침을 받고 고려로 돌아갈 것이니 나중에 귀국하시면 꼭 기별해 주십시오."라는 내용이었다.

한편 그 무렵 고려에서 온 혜근의 덕과 수행이 높다는 이야기는 원나라 황제인 순제의 귀에도 전해졌다. 당시 원나라는 쇠락의 길로 접어들고 있었다. 곳곳에서 민란이 일어났고 백성들의 동요가 심해 순제는 고민이 많았다. 그러던 어느 날, 한 신하가 조심스럽게 아뢰었다.

"폐하, 고려에서 온 혜근 선사는 법력이 매우 뛰어나 지공 선사와 평산 처림 선사로부터 법을 인가받았다고 합니다. 하오니 그 스님을 대도의 광제선사(廣濟禪寺) 주지로 임명하시면 어떠신지요?"

순제가 미심쩍어하며 물었다.

"혜근이라…. 지공과 평산의 법을 이었다면 그 법력이 대단하겠구나. 하지만 그 스님을 가까이 모신다 해도 과연 이 어지러운 세상을 밝힐 수 있는 지혜를 줄지 모르겠구나."

순제는 이렇게 말하면서도 칙서를 내렸다. 고려 출신의 나옹 혜근 선사를 대도 광제선사의 주지로 임명한다는 내용이었다. 칙서는 곧바로 혜근이 머물고 있던 사찰로 전해졌다. 그 무렵 혜근은 나옹이라는 법호를 자주 쓰고 있었다. 이 법호는 그가 양주 회암사에서 용맹정진할 무렵 도반들이 별명처럼 지어준 것이다. 그러다가 원나라 유학 중 지공과 평산의 인가를 받으면서부터 법호로 쓰기 시작했다. 이후로 그는 혜근이라는 법명보다 나옹 혜근 또는 나옹이라는 이름으로 더 많이 불렸다.

나옹은 황제의 칙명을 감히 거역할 수 없었기에 곧바로 대도로 향했다. 대도에 도착한 그가 먼저 찾아간 곳은 지공 선사가 주석하던 법원사였다. 그동안 나옹은 지공에게 안부를 여쭙는 편지나 게송을 보내며 소식을 전하고 있었다. 나옹이 오랜만에 나타나 인사하자 지공은 크게 반가워했다.

"판수(나옹)가 광제선사의 주지로 임명되었다는 소식은 이미 들었어. 잘된 일이야."

"모든 게 스님의 가르침 덕택입니다."

이때 지공이 차를 따르며 격려와 함께 당부하는 말을 했다.

"잘 알겠지만, 지금 이 나라는 기울고 있는 형국일세. 그러니 폐하와 황실, 이 나라 중생을 위해 부처님 가르침을 제대로 전해드려야 하네."

"스님 말씀 명심하겠습니다."

곧이어 지공과 나옹의 법거량이 시작되었다.

"분명하다, 법왕이여. 홀로 높아 이 나라를 복되게 한다. 하늘에는 해가 있고 해 밑에는 조사가 있다. 대소를 불문하니 지혜가 있다면 말을 해 봐라."

이에 나옹이 되물었다.

"분명하다는 것은 도대체 어느 곳의 일이거니와 홀로 높아 나라를 복되게 한다는 것은 바로 빈 소리입니다. 하늘의 해와 땅의 조사를 모두 다 쳐부수어, 그 경지에 이르면 그것은 무엇입니까?"

지공이 옷자락을 들어 보이면서 말했다.

"안팎이 다 붉다."

나옹은 이 답변을 듣고 삼배를 올린 뒤 물러났다.

나옹이 도착한 광제선사는 법원사 못지않은 큰 절이었다. 사찰 일주문 앞에서 그는 잠시 걸음을 멈추었다. 광제선사의 스님들이 일제히 나와 맞아 주었기 때문이다.

"스님, 어서 오십시오. 아까부터 기다리고 있었습니다."

그들의 눈에는 호기심과 경외심이 뒤섞여 있었다. 고려에서 온 이 젊은 선사의 법력이 어느 정도인지, 어떤 법문을 펼칠지 궁금해했다.

나옹이 그들에게 말했다.

"부족한 제가 큰 임무를 맡게 되었습니다. 모두 부처님 가르침을 실천하며 중생을 제도하는 일에 힘썼으면 합니다."

그날부터 나옹의 새로운 삶이 시작되었다. 매일 새벽예불을 드리고, 경전 강독과 참선 수행 외에 찾아오는 이들에게 법문을 해 주었다. 그의 명성은 대도는 물론 고려까지 퍼져나갔다. 무엇보다 그 무렵 대도에 머물던 고려 상인들이나 궁녀, 인질처럼 끌려온 왕족들과 그 수행원들은 고려의 나옹 선사가 광제선사 주지로 취임했다는 소식에 어깨를 으쓱였다.

한 달쯤 지난 10월 15일은 나옹의 첫 번째 법문이 예정된 날이었다. 이날을 맞아 황제는 금란가사와 예물을 보냈고 황태자도 금란가사와 상아로 만든 불자[拂子; 짐승의 털 등을 묶어 자루에 매달아 벌레를 쫓는 도구, 수행자가 번뇌를 털어내는 상징적인 불구(佛具)]를 보냈다.

궁중의 벼슬아치들과 여러 불자들, 고려인들, 각 지역에서 온 내로라하는 큰스님들과 수많은 수행자들이 나옹의 법문을 듣기 위해 광제선사로 모여들어 발 디딜 틈이 없을 지경이었다.

본격적인 법문을 하기 전 황제가 내린 금란가사를 내시로부터 전해 받은 나옹이 물었다.

"저 붉은 산과 흐르는 강물과 누런 땅, 그리고 헤아릴 수 없이 많은 풀과 나무들이 모두 부처님 몸인데 빛나는 이 가사를 어디에 입혀야 하겠소?"

내시가 당황한 얼굴로 답했다.

"그, 그건 잘 모르겠습니다."

그때 나옹이 자신의 왼쪽 어깨를 가리키며 말했다.

"여기다 입혀야 합니다."

나옹은 다시 법회에 참석한 대중들에게 물었다.

"맑고 텅 비고 잠잠하여 처음부터 있는 것이라고는 아무 것도 없습니다. 그렇다면 이 눈부신 가사는 어디서 나왔습니까?"

대답하는 사람이 아무도 없었다.

“겹겹이 깊은 궁궐, 거룩한 말씀 속에서 나왔습니다.”

나옹은 비로소 금란가사를 입고 황제를 위해 기도했다. 그리고 다시 향을 사른 뒤 말했다.

“이 한 조각 향을 인도에서 오신 백팔 대조사이신 지공 큰 스님과 평산 스님께 올려 진리의 젖을 먹여 주신 고마움을 갚겠습니다.”

이런 인사가 끝난 뒤 나옹의 법문이 시작되었다. 모두 숨죽인 채 나옹의 말 한마디 한마디에 귀 기울였다.

“오늘 이 산승이 날랜 지혜의 칼을 쑥 빼들고 바른 법을 행할 것이니 우물쭈물하다간 목숨을 잃을 것입니다. 자, 이 칼에 맞설 이가 있습니까, 있습니까, 있습니까?”

아무도 답하지 못했다.

이에 나옹이 게송을 읊었다.

참 좋구나 돛단배여,
바람 타고 바다 건너
살같이 가누나.
이 배는 배도 사람도
만나볼 수 없는 그런 배.

나옹은 다시 불자를 세우고 법문을 이었다.

“지난날과 오늘날, 그리고 앞으로 오실 부처님들과 연줄연

줄 이어오신 조사님들과 하늘 밑 모든 큰스님들이 산승의 이 불자 꼭대기에 앉아 커다란 빛살을 놓으면서 다 같은 소리로 우리 황제를 기뻐하고 있는데 여기 모인 대중들은 보십니까? 보지 못한다고 하면 눈 있는 봉사와 같고, 본다고 하면 어떻게 본다는 말입니까? 알겠습니까? 보고 보지 못하는 것이나 알고 모르는 것은 한쪽으로만 하는 말입니다. 그렇다면 끝내 한쪽으로 치우치지 않은 그것은 무엇입니까?"

모두 침묵하자 나옹이 불자를 던지면서 말했다.

"소털로 만든 이 불자는 그것도 모르는구나."

그리고 바로 자리에서 내려왔다.

이듬해인 1357년(공민왕 6) 새해가 되었을 때 황제가 보낸 내관이 광제선사를 방문했다.

"큰스님, 폐하께서 친히 법문을 듣고자 하십니다. 어서 황궁으로 가시지요."

나옹이 고개를 끄덕였다.

"진리 앞에서는 모두 평등한 법이지요. 황제 폐하가 부르시니 기꺼이 찾아뵙겠습니다."

황궁으로 가는 길, 나옹의 마음은 고요했다. 그는 권력자 앞에서도 흔들림 없이 부처님 가르침을 전하기로 오래전에 다짐한 바 있었다. 이윽고 궁궐 접견실로 들어서자, 황제가 용상에서 내려와 나옹을 정중히 맞이했다.

"고려에서 오신 고승을 뵙게 되어 영광이오. 새해도 되고 하여 선사의 지혜로운 말씀을 듣고자 걸음을 하게 했소."

나옹이 조용히 자리에 앉으며 입을 열었다.

"폐하, 천하를 다스리는 것과 마음을 다스리는 것은 같은 이치입니다. 마음이 평온해야 백성도 평안하고, 자신을 바로 알아야 남을 올바로 이끌 수 있습니다."

황제는 진지하게 들었다.

"그럼 어떻게 해야 마음을 평온하게 할 수 있겠소?"

"집착을 버리는 것입니다. 권력도, 재물도, 심지어 생사에 대한 두려움까지도 모두 마음이 만들어 낸 환상일 뿐입니다. 진정한 평화는 무소유의 마음에서 나옵니다."

황제는 깊은 침묵에 잠겼다. 그 순간, 궁궐 밖에서 들려오는 새소리가 유난히 맑게 들렸다.

"그 말씀이 마음 깊이 와닿는구려. 그러면 이 어지러운 세상에서 어떻게 백성들을 평안하게 할 수 있겠소?"

나옹이 미소를 지으며 답했다.

"폐하께서 먼저 자비로운 마음을 가지십시오. 백성을 자식처럼 여기고, 그들의 고통을 폐하의 고통으로 받아들이십시오. 그러면 자연히 좋은 정치가 펼쳐질 것입니다."

법문이 끝난 후, 황제는 한참 동안 말이 없었다. 그러다가 마침내 입을 열었다.

"내가 여태 천자라는 자리에만 매달려 정작 중요한 것을 놓치고 살았던 것 같소. 오늘 나옹 선사 덕분에 큰 지혜를 얻었습니다.”

광제선사로 돌아가는 길, 나옹은 석양 너머로 펼쳐진 대도의 풍경을 바라보았다. 한 사람의 마음이 변하면 세상도 변할 수 있다는 것을 다시 한번 확인한 하루였다.

나옹은 회암사에서 크게 깨닫고 난 뒤 원나라로 유학했던 세월을 돌아보았다. 그동안 법원사에서 지공 선사와 주고받았던 문답들, 강남 정자선사에 주석하던 평산 처림과 나눈 법거량, 황제의 명으로 광제선사 주지로 취임했던 일들과 여러 고승과 나눴던 이야기들이 주마등처럼 스쳐 지나갔다. 그런 한편 조만간 고국으로 돌아가 부처님 법을 널리 펴야겠다는 다짐도 하게 되었다.

그가 귀국하기 전에 할 일은 광제선사의 주지직을 사임하겠다는 뜻을 황제에게 밝히는 것이며 지공 선사에게 마지막 작별 인사를 건네는 것이었다. 그러기에 앞서 나옹은 지난번 광제선사 주지로 임명될 무렵 미처 돌아보지 못한 옛 연나라 땅의 명산대찰을 마저 돌아보고자 했다.

황제에게 고려로 돌아가기 위해 사직하겠노라는 상소를 올린 그는 며칠 후 다시 하북성 쪽으로 행선지를 정했다. 그리고 이름난 산과 사찰을 두루 돌아본 뒤 대도 법원사에 이르러 지공에게 작별 인사를 전했다.

"큰스님, 제자가 원나라로 와 수행한 지 10년이 지났습니다. 이제 귀국하려고 합니다. 제자가 어느 곳에 머물면 좋겠습니까?"

이때 지공이 답했다.

"회자정리라지만 이렇게 돌아간다니 아쉽군. 고려로 가거든 산이 셋 있고 강이 두 줄기로 흐르는 곳을 찾아서 머물게. 그러면 고려국에 부처님 가르침이 저절로 일어날 것이야."

나옹은 귀국하는 길에 '산이 셋 있고 강이 두 줄기로 흐르는 곳'이 어떤 절을 가리키는 것인지 곰곰이 생각해 보았다. 그러다 마침내 무릎을 쳤다. 그곳은 바로 자신이 피나는 수행 끝에 깨달음을 얻었던 회암사를 이르는 말씀이었다. 그러고 보니 회암사는 시공 스님과 나옹 자신을 묶이 주는 인언 깊은 도량이었다.

지공은 천축국 나란타사와 똑같은 모습의 회암사를 염두에 두고 가장 아끼는 제자 나옹에게 그 절에 머물며 법을 펴도록 했다. 이에 나옹은 스승의 당부를 지키기 위해서라도 회암사를 찾고자 했다. 하지만 그것을 실천하는 데는 오랜 시간이 필요했다.

푸른 산과 흰 구름

10년 만에 돌아온 고국

원나라에서 10년간 머물던 나옹은 1358년(공민왕 7) 3월 23일, 대도를 떠났다. 그 후 요령성 요양을 지나 의주 땅에 이르렀다. 국경에서 고려의 위수병이 따뜻하게 맞아 주었다. 그렇게 나옹의 마음에 품고 있던 고려의 산하가 현실이 되었다. 왠지 모를 맑고 정다운 기상이 그를 따뜻이 맞아 주었다.

그의 걸망 속엔 지공과 평산, 천암 선사 등 중국 고승들과 주고받았던 전법게와 법의, 불자 등이 담겨 있었다. 원나라 황제 및 황태자가 내린 금란가사를 비롯한 많은 기념품들도 있었다. 수행자로서는 부질없는 물건들이지만 그가 머물던 10년을 돌아보게 하는 추억이기도 했다.

긴 수행을 마치고 고려 땅을 밟은 나옹의 발걸음은 가벼우면서도 무거웠다. 가벼운 것은 조국에 돌아온 기쁨 때문이었고, 무거운 것은 이 땅에 전해야 할 법의 무게 때문이었다.

원나라로 유학했던 나옹 혜근 선사가 귀국했다는 소식은 사람들의 입을 타고 바람처럼 빠르게 전해졌다. 나옹이 하룻밤 머물기 위해 평양 대성산 기슭의 광법사(廣法寺)에 이르렀을 때였다.

"이 절에서 하룻밤 묵어갈 수 있겠습니까?"

그가 50대 후반으로 보이는 광법사 스님에게 청했다.

"그러시지요. 한데 어디서 오셨소?"

"원나라에서 10년 동안 머물다 사흘 전에 고려 땅으로 돌아왔습니다."

광법사 주지는 고개를 갸우뚱했다. 그가 보기에 객승은 누더기 차림이었으나 왠지 범상치 않은 인상이었다. 이마는 둥글면서 약간 앞으로 튀어나온 편이었고 눈빛은 형형했다. 광법사 주지는 객승에게 저절로 압도당하는 느낌이었다.

"혹시 광제선사에 계셨다던 나옹 스님 아니신가요?"

"그렇습니다만 어떻게 제 이름을…."

나옹이 말을 맺기도 전에 광법사 주지는 바닥에 엎드려 큰절을 올렸다. 나옹은 자신보다 적어도 열다섯 살은 많아 보이는 스님에게 큰절을 받는 게 민망했다.

"아니, 이러지 마시고 어서 일어나시지요."

갑작스레 큰절을 받은 나옹도 맞절하며 말했다.

"그렇지 않아도 스님이 귀국하신다는 소식을 들었습니다. 헛된 꿈이지만 인연이 닿는다면 법문을 해 주십사 청하려고도 했구요. 그런데 스님이 몸소 광법사까지 찾아 주셨으니 이런 부처님 가피가 어디 있겠습니까?”

나옹은 하는 수 없이 광법사에서 며칠 머물며 여독을 달랬다. 이윽고 그가 법문하기로 정해진 날이 되자 인근에서 찾아온 수행자들과 불자들이 법당을 가득 메웠다.

그는 대도의 법원사에서 지공 선사와 나눈 선문답과 가르침을 소개했다. 그의 법문에 주의를 기울이던 대중은 지공과 나옹이 선문답을 주고받는 부분에 이르자 무슨 뜬구름 잡는 소리인가 하는 표정을 지어 보이기도 했다. 법문이 끝난 뒤 한 젊은 스님이 물었다.

“큰스님, 부처님의 참된 가르침은 무엇입니까?”

나옹은 잠시 생각에 잠긴 듯하더니 법상에 기대어 놓은 불자를 집어 ‘탁탁탁’ 하고 선상을 쳤다.

“이 소리는 이 불자에서 나왔습니까, 아니면 우리 마음에서 나왔습니까?”

대중은 모두 어리둥절한 표정이었다. 질문했던 스님을 비롯해 나옹의 물음에 답하는 사람은 아무도 없었다. 다만 그들은 나옹의 눈빛을 보며 번뜩이는 지혜의 빛을 느낄 수 있었다.

“이 소리는 불자와 탁자가 부딪쳐 난 소리지만 우리 마음이 없으면 듣지 못하는 소리입니다. 부처님의 참된 가르침도 이와 같습니다.”

이번엔 다른 스님이 물었다.

“큰스님께서는 원나라에서 어떤 법을 얻으셨습니까?”

직설적이지만, 진리에 대한 갈망이 담긴 질문이었다.

나옹은 잠시 그 젊은 스님을 바라보았다. 자신이 깨달음을 얻기 전처럼 구도자의 열정을 느낄 수 있는 눈빛이었다.

“법이란 법이라고 말하는 순간 법이 아닙니다. 그러니 법은 얻을 수 있는 게 아니지요. 원래부터 모든 중생이 지닌 것을 닦아서 스스로 부처임을 발견하는 것입니다. 그러니 어찌 법을 얻는다고 하겠습니까?”

“그렇다면 큰스님께서는 원나라에서 무엇을 하고 오신 것입니까?”

“잠들어 있던 것을 깨웠을 뿐이오. 마치 구름이 걷히면 본래 있던 달이 드러나는 것과 같은 이치라오.”

나옹은 이렇게 선언한 뒤 다시 불자를 세 번 내리치고 그날 법문을 끝냈다.

그의 설법은 기존의 틀에 박힌 가르침과는 달랐다. 임제종의 직접적이고 간명한 깨달음의 방식이 평양의 불자들에게 깊은 감명을 주었다.

이 무렵 고려는 나라 안팎으로 상당히 어지러웠다.

나옹이 유학을 떠날 때만 해도 고려는 원나라의 강력한 지배 아래 있었다. 그러다가 그가 중국에 가 있던 10년 동안 많은 변화가 있었다. 10년이면 강산이 변한다는 속담이 실감 나는 현실이었다. 나옹이 평양에 머물며 만난 여러 사람의 이야기를 종합해 보니, 중국 못지않게 고려에도 큰 변화의 바람이 불고 있었다.

이때의 국왕이던 공민왕은 어려서부터 원나라의 인질이 되어 10년 동안 대도에서 지냈다. 그 와중에 고려 왕실은 부원 세력에 휘둘렸고 그런 우여곡절을 겪으며 공민왕은 1351년에 겨우 왕위에 오를 수 있었다. 공민왕이 즉위할 때 중국은 원명 교체기에 접어들고 있었다. 따라서 고려 조정에서도 반원 세력이 차츰 득세하던 중이었다. 공민왕은 그런 반원 세력의 대표적인 인물이었다. 그가 집권한 후 반원 정책을 계획하던 와중에 고려는 왜구와 홍건적의 잦은 침략을 받아 백성들의 삶은 더욱 피폐해졌다.

나옹이 귀국하기 몇 년 전의 일이다. 개경 궁궐에서 공민왕이 신료들에게 선언했다. 그의 얼굴에는 결연한 의지가 서려 있었다.

"경들은 들으시오. 우리는 더 이상 원나라의 속국으로 머물 수 없소. 기철과 그 일당들이 우리 조정을 농단해 온 지 너무 오래되었소."

한 대신이 조심스럽게 입을 열었다.

"폐하, 하오나 원나라의 간섭과 부원배들의 힘이 아직도…."

그가 말을 맺기도 전에 공민왕이 제지했다.

"아니오! 지금의 원나라는 예전과 같지 않소. 각지에서 반란이 일어나고 있으며 중원은 혼란에 빠져 있소. 바로 지금이 고려의 자주성을 회복할 기회란 말이오."

왕은 일어서서 문밖을 바라보았다. 그의 눈에는 고려 중흥에 대한 간절한 열망이 타오르고 있었다.

"우선 기철 일당을 척결하겠소. 나아가 정동행성을 폐지하고 원나라식 관제도 개혁하겠소. 우리 고려의 옛 제도를 되찾겠단 말이오."

"폐하의 뜻이 확고하시니 신들도 목숨을 걸고 따르겠습니다."

이런 결의에 따라 공민왕은 집권한 지 5년 만인 1356년에 기철, 권겸, 노책 등 부원 세력을 숙청했다. 곧이어 쌍성총관부를 회복하는 등 고려의 영토를 이전처럼 회복했다. 이때 정동행성도 폐지했다. 정동행성은 원나라가 고려를 직접 통치하기 위해 설치한 기구였는데 이를 없앤 것은 원나라에 대한 정면 도전을 의미했다.

"우리는 더 이상 정동행성의 지배를 받지 않는다!"

공민왕의 선언에 조정은 술렁였다. 일부는 우려를 표했지만, 대부분의 신료와 백성들은 환호했다. 그러나 이런 반원 개혁 정책에 대해 부원 세력과 원나라의 반발이나 저항도 만만치 않았다. 그와 비례해 고려 백성의 피폐함은 더욱 심해졌다. 그 결과 공민왕은 다시 왕위를 위협받을 만큼 위험한 상태에 놓였다.

이런 때여서 나옹은 고려로 귀국한 뒤에도 공민왕이나 조정 대신들의 주목을 받을 만한 상황이 아니었다. 오히려 반원 정책을 추진하던 공민왕의 입장에서는 원나라 황제의 명에 따라 광제선사 주지를 지냈던 나옹을 또 다른 부원 세력으로 볼 수도 있었다. 그렇기에 나옹은 나라가 안정을 찾고 자신에 대한 진실이 알려질 때까지 때를 기다릴 수밖에 없었다.

평양 광법사를 떠난 그는 묘향산 안심사(安心寺)에도 들러 며칠 머문 뒤 강원도 양주(양양), 통천의 총석정과 고성 등을 돌아보았다. 그의 발길은 천성산 원효암으로 이어졌다. 지난날 회암사에서 함께 수행했던 도반 성륜이 원효암 주지로 있었기 때문이다. 성륜은 아예 원효암을 맡아달라고 청했으나 이곳저곳 다닐 데가 많았던 나옹은 정중히 사양했다. 대신 몇 달 미물 수 있게 객실 한 칸을 내달라고 부탁했다.

그렇게 나옹이 원효암에 머물고 있다는 소식을 듣고 무학이 찾아왔다. 무학은 나옹보다 3년 먼저 귀국해 부지런히 수행 중이었다.

"스님, 계십니까?"

무학이 객실 앞에서 인기척을 냈다. 한창 『화엄경』을 읽고 있던 나옹이 물었다.

"누가 왔소?"

"자초가 왔습니다."

무학이 찾아왔다는 소리를 들은 나옹은 크게 반가워하며

문을 열었다.

"어서 들어오게."

그날 나옹과 무학은 날이 저물도록 법담을 나눴다. 원나라와 고려의 혼란한 시국 이야기도 빠질 수 없었다.

저녁 공양을 마치고 밤이 깊어 갈수록 기온은 서늘해졌다.

"…스님, 그렇다면 우리가 수행하는 이유는 무엇입니까? 본래 우리가 부처라면 왜 이리 애써야 합니까?"

무학의 질문에 나옹은 미소를 지었다.

"연못에 달이 비친다고 그 달을 건질 수는 없지 않은가. 하지만 연못이 맑지 않다면 그 달마저 볼 수가 없지. 수행은 연못을 맑게 하는 일과 같다네."

"그러면 어떻게 해야 연못을 맑게 할 수 있을까요?"

"당연한 말이지만 바람이 일어도 흔들리지 않고, 파도가 쳐도 동요하지 않는 마음을 가져야겠지. 요즘 자초는 어떤 화두를 들고 있는가?"

스승의 질문에 무학은 잠시 침묵했다가 대답했다.

"무(無)자 화두를 들고 있습니다."

"무자 화두라…."

나옹은 잠시 눈을 감았다.

무자 화두는 선종의 1,700여 개 공안 중 대표적으로 손꼽히는 화두로 잘 알려졌다. 당나라 때의 임제종 선사인 조주 스님에게 한 제자가 여쭸다.

"스님, 개에게도 불성이 있습니까?"

이때 조주는 단번에 부정했다.

"없다."

이 말에 제자는 매우 궁금했다. 그가 알기로는 세상의 모든 생명체에는 불성이 있다고 배웠는데 고승 중의 고승으로 이름을 떨치고 계신 조주 스님은 없다고 잘라 말했기 때문이다. 그 뒤로 무자 화두가 생겨났다.

나옹이 물었다.

"그런데 그 무 자를 어떻게 들지?"

"온몸과 마음을 다해 의심할 뿐입니다."

"온몸과 마음으로 의심하는 자는 누구인가?"

무학은 순간 말문이 막혔다. 스승의 예리한 질문이 칼날처럼 그의 분별심을 베어버렸다.

이튿날 아침 공양 후, 무학은 다시 나옹의 방으로 찾아가 절을 올렸다.

"소승은 스님 가르침 덕분에 한 소식 얻었습니다."

"어떤 소식을 얻었는가?"

"얻을 것이 없다는 소식을 얻었습니다."

나옹이 웃으며 대꾸했다.

"석가모니께서 설법하신 49년 동안의 모든 경전을 한 글자로 나타낸다면 무엇인가?"

무학은 주저 없이 대답했다.

"그야 '무' 자 아니겠습니까?"

"만약 그 '무' 자도 버린다면 어떻게 하겠는가?"

무학은 손을 들어 방바닥을 한 번 쳤다. 이에 나옹이 크게 웃고는 걸망 속에 넣어두었던 불자를 꺼내 들었다.

"이건 원나라 황제에게 받은 불자라네. 이제부터 자초 그대가 주인일세. 우선 이것부터 받고 나중에 격식을 갖춘 자리를 마련해 보세."

나옹은 무학에게 법을 전하면서 그 형식을 완전히 갖추지 못한 것에 대한 미안함과 장차의 소망을 말했다.

이렇게 원나라 대도에서 맺어진 사제의 인연은 고려에서도 불자를 통해 좀 더 분명히 이루어졌다. 무학이 삼배를 올린 뒤 떠나려 하자 나옹이 당부했다.

"불법은 머리로 이해하는 게 아니라 온몸과 마음으로 실천해야 한다네. 그대가 만나는 모든 중생이 부처임을 잊지 말도록 하게. 그리고 이 나라와 중생을 위해 그대의 수행을 등불처럼 비춰야 하네."

이런 가르침은 훗날 무학이 조선 개국과 함께 불교계의 중요한 역할을 맡게 하는 평생의 지침이 되었다.

이 시기에 나옹은 '나옹삼가' 중 하나인 '영주가(靈珠歌)' 가사를 지어 가끔 부르곤 했다. '영주'란 신령스럽고 영롱한 구슬을 뜻하며 사람들 본성 속에 본래 갖추어진 불성을 상징한다. 따라서 부지런한 수행을 통해 구슬이 밝게 빛나는 것처럼 영주가는 불성을 찾고 깨달음을 얻으라는 가르침을 담은 노래이다. 나옹은 본래 '완주가(玩珠歌)'라는 제목을 붙였으나 그의 제자인 법장이 증보하면서 '영주가'로 바꿨다. 나옹의 완주가는 모두 60구였지만 법장이 증보한 영주가는 300구의 장편이 되었다.

신령한 이 구슬 너무나 영롱하여라.
그 자체는 항하사 세계를 둘러싼 채 안팎이 비었는데
누구나 포대 속에서 당당하게 지녀서
이리저리 가지고 놀아도 끝이 없구나.

마니구슬이라고도 하고 신령한 구슬이라고도 하니
이름과 모양은 아무리 많아도 자체는 다르지 않네.
티끌처럼 많은 국토에 명료히 비춰
밝은 달이 가을 강에 가득 찬 것 같구나.

배고픔도 그것이요, 목마름도 그것이니
목마름을 알고 배고픔을 아는 것 대단한 일 아니라
아침에는 죽을 먹고 점심에는 밥 먹으며
피곤하면 잠자는 일 어기지 않는다네.

어긋남도 그것이고 바름도 그것이니

수고로이 입을 열어 아미타불 염불할 것 없다.

하나하나 해내면서 함이 없다면

세간에서도 자유로운 그가 바로 보살이라.

- 나옹 선사 '영주가' 중 일부

나옹은 무학이 떠나간 뒤에도 한 달 보름 정도 원효암에서 더 지냈다. 그 뒤 그가 오대산 상두암으로 가기 전까지 유력한 사찰은 의성 대곡사, 성주 선석사, 사천 다솔사, 대구 남지장사, 청송 수정사, 곤양 영악사, 예천 원적암, 선산 원각사 등이었다. 이 중 청송 수정사는 나옹이 직접 창건했으며 곤양 영악사와 사천 다솔사는 중창한 곳이다.

나옹은 이처럼 수많은 사찰을 돌아보거나 중창한 뒤 당시 태고 보우 선사가 머물던 개경의 광명사로 발길을 돌렸다. 보우는 나옹이 귀국하기 2년 전인 1356년에 공민왕의 왕사로 책봉되었다. 공민왕과 보우는 원나라에 있을 때부터 서로 인연이 있었다. 공민왕은 고려의 왕자로서 원나라에 인질처럼 붙잡혀 있었고, 보우는 지공 선사의 인가를 받기 위해 대도 법원사에 머물 때였다. 당시 고려의 왕자였던 공민왕은 보우에게 이렇게 말했다.

"훗날 내가 왕위에 오르면 스님을 반드시 스승으로 모시겠습니다."

하지만 공민왕은 막상 고려의 임금이 되고도 그 약속을 곧

바로 지키지 못했다. 다만 즉위한 해에 보우를 궁궐로 초빙해 설법을 듣고 크게 후원하는 정도였다. 이렇게 된 것은 당시에 송광사 제13세 사주인 각진 국사(覺眞國師) 복구(復丘)와 관련이 깊었다. 복구는 충정왕 때 왕사로 임명되었는데 공민왕이 즉위한 뒤에도 관행에 따라 왕사의 지위를 유지하게 되었다. 임금이 바뀌면 왕사도 바뀌는 게 상식적이지만 그렇지 않은 경우였다. 그렇기에 공민왕은 태고 보우에게 했던 약속을 곧바로 지키지 못한 것이다. 그런데 공교롭게도 공민왕이 즉위한 지 몇 달 지나지 않아 복구 선사가 열반했다. 공민왕은 그 후 태고 보우를 왕사로 책봉했다.

왕사로 책봉된 보우는 송악산 광명사에 머물게 되었다. 그는 광명사에 주석하는 동안 원융부라는 기관을 설치하여 구산선문을 통합하는 일을 추진하게 되었다.

나옹은 자신을 반겨줄 사람이 없는 개경으로 가는 게 그다지 내키지 않았다. 일부러 개경을 찾는다면 마치 무슨 자리를 탐하는 듯이 보일까 봐 스스로 경계하기도 했다. 다만 스승이나 마찬가지인 보우 스님께 인사를 드리는 게 도리여서 광명사로 향했을 뿐이다.

나옹의 절을 받고 난 보우가 말했다.

"원나라에서 큰일을 마치고 왔구먼. 참으로 장한 일일세."

"큰스님께 자주 소식을 올리지 못해 송구합니다."

나옹은 보우 스님이 원나라 유학을 권한 데다 여비까지 보

태준 은공을 잊을 수가 없었다. 그러면서도 원나라에 가 있
는 동안 소식을 자주 전하지 못했다. 그만큼 멀기도 했고 여러
곳을 오가느라 바쁘게 지냈기 때문이다.

"아닐세. 고려의 수좌가 중국 승가를 크게 일깨워 주고 온
게 얼마나 대단한 일인가?"

나옹이 원나라에서 공부하며 겪었던 소회를 털어놓은 뒤였
다.

"모처럼 인재가 돌아왔는데 지금으로선 주상께 추천할 만
한 자리가 마땅치 않구먼. 요즘 나라 안팎이 어지러운 건 알
고 있겠지?"

원나라에서 10년 동안 머물렀던 나옹은 고려 내부의 사정
은 잘 몰라도 국제정세에는 환했다. 그렇기에 보우가 말한 뜻
을 잘 알았다.

"네, 잘 알고 있습니다."

보우의 솔직한 말에 나옹은 마음을 내려놓았다. 자신이 마
땅히 머물 만한 곳이 없다는 걸 진작에 알았기 때문이다. 따
라서 보우 스님의 출가 본사이며 나옹 자신이 깨달음을 얻었
고 심지어 지공 스님께서 머물며 법을 펴라고 당부했던 회암사
로 찾아갈 형편도 아니었다. 중국을 떠나기 전부터 고려에 도
착하면 당연히 회암사 주지가 될 것으로 생각한 게 큰 착오였
다. 그런 점에서 원나라에 머물 때부터 입고 있던 누더기 승
복을 여전히 입고 다니는 건 잘한 일이었다.

나옹은 광명사에서 사흘 정도 머물다 발길을 돌렸다. 그가
향한 곳은 동해 쪽이었다.

오대산 고운암으로 찾아온
환암 혼수

원나라에서 귀국한 나옹이 오대산 상두암에 이어 고운암(孤雲庵)에 머물고 있을 때였다. 고운암은 상두암 위쪽 북대(상왕대) 부근에 있는 암자로 나옹은 그 무렵 오대산의 여러 암자를 순례하며 길게는 서너 달, 짧게는 한두 달 정도씩 머물고는 했다.

"저어, 큰스님. 신성암에서 스님이 오셨습니다."

새로 출가해 사미 생활을 마친 지선이 조심스럽게 고했다. 나옹은 가부좌를 풀며 잠시 생각에 잠겼다. 신성암이라면 월정사에서 상원사로 향하는 길의 중간쯤에서 오른쪽 기슭으로 오르는 곳에 있는 한적한 암자이다. 상두암에서 보면 아래쪽으로 자시암(慈施庵)이 있고 그 밑에 있는 암자가 신성암이다. 고운암과 신성암은 직선거리가 그리 멀지는 않았지만, 경사가 가파르고 산길이 험해 왕래가 많지는 않았다. 그로 인해 상두암에 머물며 오대산의 여러 사암을 순방해 왔던 나옹 또한 신성암의 위치를 대략 짐작만 할 뿐 직접 찾아간 적은 없었다.

"어서 안으로 모시도록 해라."

나옹이 자리에서 일어서며 지선에게 분부했다.

잠시 후 방문이 열렸고 한 스님이 나옹의 방으로 들어섰다.

"입선 중이신데 갑자기 찾아와 송구합니다."

나옹이 보기에 방문객은 자신과 얼추 비슷한 연배로 보였다.

"아닙니다. 마침 마치려던 참입니다. 어서 앉으시지요."

나옹이 자리를 권하자, 방문객은 삼배부터 올렸다. 나옹은 지난날 평양 광법사에서 노스님의 큰절을 받을 때처럼 민망한 나머지 맞절을 했다.

"소승은 저 아래 신성암에 머물고 있는 환암 혼수(幻菴混修)라고 합니다. 며칠 전에 왔는데 스님께서 이 오대산에서 법을 펴신다기에 문안 인사차 찾아뵈었습니다."

나옹은 환암 혼수라는 이름을 듣자, 어딘가 귀에 익은 느낌이었다.

'환암 혼수라….'

퍼뜩 회암사에 머물 때의 일들이 떠올랐다. 환암이라는 법호는 몰라도 젊은 시절의 법명인 혼수 스님에 대해선 분명히 기억에 있었다.

"혹시 오래전 선시(禪試)에서 상상과(上上科)로 합격하시지 않으셨습니까?"

나옹이 묻자, 혼수가 쑥스럽다는 표정으로 답했다.

"그렇긴 합니다만 스님 말씀대로 오래전 일입니다. 자랑거리가 전혀 아닙니다."

"그 무슨 겸양의 말씀이신지…. 젊은 나이로 상상과에 합격하는 게 어디 쉬운 일이겠습니까? 전 그때 선시에는 응시할 엄두도 내지 못했습니다."

공교롭게도 나옹과 혼수는 똑같이 경신생(1320년)이었다. 게다가 혼수는 열두 살 때 출가했고 나옹은 8년이 늦은 스무 살 때 출가했다. 따라서 법랍으로 치면 혼수가 8년이 빨랐다. 불가에서는 하루라도 먼저 출가한 이를 사형(師兄)으로 예우한다고 했으니 두 스님의 속랍이 같더라도 환암이 얼마든지 사형 대접을 받을 만한 법랍이었다. 그 정도 법랍 차이라면 오히려 환암이 스승이라 해도 이상할 게 없었다.

혼수는 이전부터 임금으로부터 회암사 주지 등으로 임명받았지만 그럴 때마다 끝내 사양하고 인적이 드문 곳으로 몸을 숨기고는 했다. 남들 앞에 모습을 드러내지 않거나 승려로서의 요직을 피하려는 성격은 나옹보다 훨씬 더했다. 그가 오대산 신성암에 머물게 된 것도 그런 까닭이었다.

나옹이 부럽다는 표정으로 인사하자 혼수가 정색하며 반박했다.

"아닙니다, 스님. 스님께선 일찌감치 득도하시고 지공 선사

와 평산 처림 선사의 인가를 받으셨으니 제가 스승으로 모시
는 게 마땅합니다. 저의 입실(入室)을 허락해 주십시오.”

선사들에게 입실이란 ‘대중이 스승의 방으로 들어가 법을
여쭙는 것을 허락하는 일’을 뜻한다. 따라서 혼수는 자신을
제자로 받아들여달라고 나옹에게 청한 셈이었다.

나옹은 혼수와의 만남이 어색했다. 차라리 혼수 스님이 몇
살이라도 어리다면 자연스럽게 제자로 받아들일 테지만 동갑
인 데다 법랍으로는 8년이나 앞서니 난감한 상황이었다. 게다
가 혼수는 22세 때 선과에 합격한 이력이 있지만 자신은 그
시기에 이곳저곳 떠돌다가 회암사에 정착한 게 전부였다. 다만
혼수도 나옹에게 부러움을 느끼는 게 있었으니 깨닫고 난 뒤
원나라로 유학해 고승들에게 인가를 받지 못한 아쉬움이었다.

“입실을 허락해 달라니 어불성설입니다. 법랍으로 치면 스님
이 한참 앞서시는데….”

나옹이 자신의 청을 사양하려고 하자 혼수는 고개를 크게
저으며 반박했다.

“스님, 아무리 법랍이 앞서면 뭣하겠습니까. 부처님께서도
깨닫고 나신 뒤 마하가섭과 같은 연장자를 제자로 두시지 않
았습니까? 깨달음을 먼저 얻은 이가 스승이십니다. 제가 스님
을 찾아뵌 것은 그 부탁을 드리기 위해섭니다.”

두 선승은 침묵으로도 끝없는 대화를 이어가다가 이따금
서로를 바라보며 미소 지었다. 마치 오래전부터 알고 지낸 도

반처럼 자연스러웠다. 나옹은 문밖으로 나가 상왕대로 오르는 길에 있는 바위 쪽으로 걸어갔다. 혼수가 한 걸음 떨어져 그를 따랐다.

두 선사가 바위에 걸터앉자 함께 따라온 지선이 여쭸다.

"큰스님, 차를 내올까요?"

"그렇게 해라."

두 선승은 다시 멀고 가까운 데 있는 봉우리들과 숲을 이루는 나무들을 바라보았다.

"스님께서 원나라에서 얻으신 법은 어떤 것입니까?"

혼수의 물음에 나옹은 잠시 명상하듯 눈을 감았다가 말했다.

"지공 화상이 이르시기를 '마음 밖에 따로 부처가 없고, 부처 밖에 따로 마음이 없다'고 하시더군요. 그때 비로소 알았습니다. 내가 찾던 것이 멀리 있지 않고 바로 이 마음속에 있다는 것을…."

혼수가 고개를 끄덕였다.

"저도 그리 생각합니다. 하지만 그 마음이라는 것도 결국 공(空)하지 않습니까??"

"그렇습니다. 마음도 공하고, 부처도 공합니다. 한데 그 공함마저 공하니 무엇을 붙잡고 무엇을 버릴 게 있겠습니까?"

이렇게 시작된 두 선승의 대화는 날이 저물도록 이어졌다. 날이 저물기 시작하자 나옹은 다시 고운암으로 내려갔다. 지선이 이미 스승들의 저녁 공양을 준비해 놓은 상태였다. 조촐하게 공양을 마친 선승들은 녹차를 마신 뒤 대화를 이어 나갔다. 달빛이 산을 비추고, 솔바람이 그들의 가사를 스치고 지나갔다.

혼수가 물었다.

"…그렇다면 수행이란 무엇입니까? 이미 본래 부처라면 왜 애써 수행해야 합니까?"

"물이 본래 깨끗하다고 해서 더러워진 물을 그대로 둘 수는 없지 않겠습니까? 거울이 본래 밝다고 해서 먼지 쌓인 거울을 그대로 둘 수는 없듯이…."

"아주 적절한 비유입니다."

혼수가 손뼉을 쳤다.

"하지만 그 더러워진 것이나 그 먼지도 결국 공한 것 아닙니까? 본래 없는 것을 없앤다고 애쓰는 것도 또 다른 집착이 아닐까요?"

"그 말씀도 일리가 있군요."

두 선승은 서로를 바라보며 깊이 웃었다. 진리를 두고 벌이는 이런 문답이야말로 진정한 법의 향연이었다.

대화는 밤이 깊어지는 줄 모르고 이어졌다. 나옹은 원나라 선사들과 나눴던 문답을 소개한 데 비해 혼수는 수행 중에 맞닥뜨린 여러 경계에 대해 털어놓고 나옹의 자문을 구했다. 그러는 동안 동쪽 하늘이 뿌옇게 밝기 시작했다.

약속이나 한 듯 두 선승은 함께 입선에 들어갔다. 새벽 공기는 차가우면서도 맑았다. 숲속 곳곳에서 산새들이 지저귀기 시작했다. 각운이 도량석을 마치고 새벽예불이 이어졌다. 그 후 사이를 두었다가 경내에선 다시 목탁 소리가 들렸다. 이번엔 아침 공양을 알리는 지선의 목탁 소리였다.

조촐하게 공양을 마친 나옹이 먼저 일어나며 말했다.

"스님과 법담을 나누며 많은 것을 얻었습니다. 진리는 함께 나누면 더욱 밝아지나 봅니다."

혼수도 일어나 합장했다.

"저 역시 스님께 큰 가르침을 받았습니다. 스님의 법문은 마치 감로수와 같습니다."

떠날 시간이 되었다. 두 사람은 서로를 향해 깊이 예를 올렸다.

"언제 다시 뵐 수 있을지 모르겠습니다."

나옹이 미소 지으며 답했다.

"멀리 떨어지더라도 법은 하나입니다. 진리 안에서는 언제나 함께 있는 것 아니겠습니까? 회자정리 거자필반이라 했으니 머잖아 다시 만나겠지요."

"날마다 좋은 날 되십시오."

혼수는 신성암으로 내려갔다. 그의 모습이 산길 너머로 사라져갈 때까지 나옹은 그 자리에 서서 바라보았다.

그로부터 한 달 남짓 지났을 때였다. 이번엔 나옹이 시자 지

선을 앞세워 신성암으로 내려갔다. 뜻밖의 방문을 받은 혼수
는 당황해하면서도 손수 차를 끓였다. 나옹이 누더기 승복을
입고 지내는 것처럼 혼수의 생활 또한 검박하기 이를 데 없었
다.

"스님, 차는 제가 끓일 테니 말씀들 나누시지요."

지선이 찻물을 끓이던 혼수에게 말했다. 혼수는 못 이긴 체
하며 아궁이에서 물러났다. 그리고 빙긋이 웃고 있던 나옹을
방으로 안내했다.

"스님, 어서 안으로 드시지요."

두 선승은 바로 이야기꽃을 피우기 시작했다.

지선이 차를 끓여서 내왔다. 오후에 시작된 그들의 이야기
는 해가 기울 때까지 계속 이어졌다. 얼마 후 나옹은 걸망에
서 주섬주섬 몇 가지 물건을 꺼내 들었다.

"내가 대도에 있을 때 황제 폐하로부터 광제선사 주지로 임
명받아 한때 머문 적이 있었습니다."

"그 말씀은 저도 들었습니다. 우리 고려의 수행승 입장에서
그보다 큰 광영이 어디 있겠습니까?"

혼수가 답하자, 나옹은 손을 저으며 대꾸했다.

"별거 아닙니다. 지나고 나면 다 부질없는 일이지요. 이 청
산과 창공으로부터 부처님 법음을 듣는 게 중이 누릴 수 있는
가장 큰 호사랍니다. 그건 그렇고, 이건 황제와 황태자에게 하
사받은 불자와 금란가사올시다. 불자 하나는 제자로 삼은 무

학 자초에게 주었고 이것은 스님이 새 주인입니다."

"아니 이런 걸 제가 어떻게…."

혼수는 나옹이 준 불자를 얼떨결에 받으면서도 말을 맺지 못할 정도로 감격했다. 그것은 단순히 선물을 주고받는 행위가 아니었다. 혼수가 고운암으로 찾아가 입실을 청한 일에 대한 답례이자 나옹이 그를 법제자로 인정하는 상징적인 순간이었다.

이로써 두 선승은 법의 스승과 제자로서 등불을 잇게 되었다. 혼수는 이미 태고 보우를 스승으로 모신 바 있다. 하지만 보우보다 고려인들 모두의 존경과 사랑을 받고 있는 나옹의 법도 잇게 된 것이다. 이 시기에는 성격이나 계보가 다른, 두 명 이상의 스승에게 법을 받는 게 이상한 일이 아니었다. 당장 나옹 자신이 지공과 평산 처럼, 두 스승에게 법을 받은 것을 예로 들 수 있다.

이처럼 나옹과 혼수의 인연이 가능한 게 한반도 불교 성지인 오대산의 힘이었다. 그 두 번째 만남은 두 선승의 마음속에 깊이 새겨졌다. 이후 두 사람은 몇 년간 서로 다른 위치에 있었지만, 그들이 나눈 법담은 후세에까지 전해져 많은 이들에게 깨달음의 등불이 되었다.

나옹이 오대산 상두암을 비롯한 여러 암자에 주석한다는 소식이 알려지면서 많은 수행자들이 오대산으로 모여들고 있었다. 그런가 하면 나옹은 이 무렵 환암 혼수뿐만 아니라 여러 고승들과 교유하거나 편지 등으로 소식을 전하고 있었다. 그런 사람들 가운데 원나라의 고담(古潭) 스님도 있었다.

오대산 가을바람은 오늘도 그때의 이야기를 속삭이며 골짜기를 스치고 지나간다. 진리를 구하는 이들의 발걸음은 천년이 지나도 그 산길을 걷고 있을 것이다.

홍건적을 몰아낸 생불

한편 나옹이 원나라에서 귀국해 오대산에 머물고 있다는 소식은 당시 왕사였던 태고 보우를 통해 공민왕에게도 전해졌다.

"나옹 선사가 오대산에 머물고 있단 말이오?"

"그러하옵니다. 전하께서 중용하시는 게 어떠신지요?"

"과인이 듣기로는 나옹 선사는 원나라 지공과 평산 선사의 인가를 받은 데다 황제로부터 광제선사 주지로 임명받은 스님으로 알고 있소. 그런 고승이 어째서 오대산 깊은 골에 은거하고 있단 말이오?"

"본래 그의 성품이 그러하옵니다. 원나라에서 귀국할 때는 지공 선사로부터 회암사로 가 법을 펴라는 분부를 받았지만 당장 그럴 형편이 아니어서 적당한 시기를 기다리는 게 아닌가 합니다."

이 무렵 국제정세는 원명 교체기에 있었고 내부적으로는 부원파 숙청과 고려의 자주 개혁 정책을 펼치느라 공민왕은 매우 분주한 나날을 보낼 때였다. 더구나 중국 하북성 일대에서 머리에 붉은 두건을 두른 한족 반란군인 홍건적이 1359년 12월에 4만여 군사를 이끌고 고려를 침략했다. 이로 인해 고려는 의주, 정주, 안주, 철주, 서경(평양) 등이 함락되었다. 홍건적에 맞서 고려에서는 안우, 이승경, 이방실 등이 치열하게 전투를 벌여 이듬해 1월 서경을 수복했다.

이런 상황이라 공민왕은 나옹을 가까이 불러 중용하고자 해도 그럴 짬을 낼 수 없었다. 그렇게 차일피일 미루다가 나옹이 귀국한 지 3년이 다 되어 가던 1361년 10월이었다. 공민왕이 내첨사 방절에게 명했다.

"오대산으로 가서 나옹 선사를 뵙고 과인이 법문을 청한다는 뜻을 전하도록 하라."

1361년 늦가을, 오대산 상원사에 차가운 바람이 불어왔다. 그때 북대 상두암에서 정진하고 있던 나옹에게 시자 지선이 말씀드렸다.

"큰스님! 개경의 궁에서 내첨사가 찾아왔습니다."

내첨사는 고려 환관의 벼슬 이름이었다. 나옹은 좌선을 풀고 그를 방안으로 맞아들였다.

"주상 전하께서 큰스님께 법문을 청하셔서 급히 달려왔습니다. 속히 상경하시지요."

내첨사의 말을 듣고 난 나옹이 답했다.

"주상께서 친히 부르시니 분부를 따라야겠지만, 지금 당장 여길 뜰 수는 없네. 내가 귀국해서 오대산에 머문 지도 어느새 3년 가까이 되었네. 지금은 동안거 중이니 함부로 움직일 형편이 아니네. 그러니 동안거를 마친 뒤에나 찾아뵙겠다는 뜻을 주상께 잘 말씀드려 주게."

이에 내첨사가 답했다.

"무슨 말씀이신지 잘 알겠습니다만, 전하께선 하루빨리 큰스님을 뵙고 싶어 하십니다. 그래서 개경 오실 때 타고 오시라고 준마를 하사하셨습니다. 지금 상원사에 묶어놓았으니 오실 때는 그 말을 타고 오십시오."

"알겠네."

당시 공민왕은 반원정책을 펼치고 있었지만 고려는 여전히 원나라의 간섭을 받는 상태였고 더구나 홍건적 침입이라는 이중고를 겪고 있었다. 그렇기에 나옹은 공민왕이 불법에 귀의하여 국난을 극복하려는 의지가 깊다는 것을 짐작하였다.

누더기 승복 차림의 나옹이 오대산에 머물렀던 시기는 비록 길지 않았지만 맑고 청빈한 수행자로서의 삶이 가장 잘 반영된 시기였다. 그리하여 오대산에는 나옹과 관련한 여러 전설이 전해지고 있는데 그중 하나가 전나무와 얽힌 이야기이다. 지금 오대산 월정사 입구에는 전나무 숲이 절경을 이루는 것으로 유명하다. 그런데 본래 오대산은 소나무들이 숲을 이뤘다고 한다.

나옹이 오대산 상두암에 머물던 때였다. 상두암에서 월정사까지는 왕복 60리가 넘는 길이어서 날마다 왕복하는 건 어렵다고 보아야 한다. 아무튼 나옹은 매일 새벽 월정사로 내려가 공양간에서 콩비지국을 얻어 불전에 사시공양을 올렸다.

그런데 하루는 콩비지를 담은 그릇을 받쳐 들고 눈길을 가다가 변고를 당했다. 소나무 가지 위에 쌓였던 눈덩이가 떨어져 나옹이 받치고 있던 콩비지를 쏟고 말았다. 이에 나옹이 그 소나무를 향해 말했다.

"네가 아무리 생각이 없다 해도 부처님 진신사리를 모신 이 산에 살면서 어찌 마음대로 움직여 공양물을 쏟게 만드느냐. 너희들이 부처님 은혜를 입고 있는 걸 모른단 말이냐?"

이렇게 꾸중한 나옹은 오대산 산신령을 불러 당부했다.

"이 오대산 소나무들은 부처님 은혜도 모르니 이 산에 살 자격이 없네. 앞으로는 전나무 아홉 그루를 심어 이 산을 번창토록 하게."

이 일이 있은 뒤 오대산에는 소나무보다 전나무가 번성했다는 이야기이다.

월정사에서 상두암까지 60리가 넘는 걸 감안하면 실제로 나옹 선사가 매일 월정사를 왕복했다고 보긴 어려우니 나옹 선사의 법력을 칭송하려는 의도로 생겨난 전설일 것이다.

임금의 부름을 받은 나옹은 동안거를 마친 이듬해 정월 하순에 개경으로 향했다. 그 행차에는 그동안 상두암을 지켰던 각운과 시자인 지선이 말고삐를 잡고 동행했다. 며칠 후 나옹 선사 일행이 개경 궁궐에 도착하자 공민왕은 반색하며 일행을 맞았다. 두 사람이 서로 마주한 순간, 묘한 정적이 흘렀다.

"과인이 스님을 뵙고자 먼 길을 오시게 했습니다."

"고려에 국사도 계시고 왕사도 계신 터에 친히 저 같은 중을 불러 주시니 황망합니다. 전하의 불법에 대한 간절함이 남다르신 듯합니다."

공민왕이 정중히 합장했다. 나옹 또한 자리에 앉기 전 임금에게 합장했다.

"선사께서 원나라에 계실 때 법을 널리 펼치셔서 우리 고려인들의 자부심을 드높이셨다는 말씀을 오래전에 들었습니다. 아시다시피 안팎으로 경황이 없다 보니 이제야 모시게 되었습니다. 이 어지러운 세상에서 어떻게 마음의 평안을 얻을 수 있을지 고견을 들려 주십시오."

나옹이 잠시 침묵하다가 입을 열었다.

"전하, 산은 언제나 그 자리에 서 있으되 구름은 오고 갑니다. 마음이 산과 같다면 세상의 모든 변화는 지나가는 구름일 뿐입니다."

"하지만 임금은 백성을 위해 정치를 해야 하는데 어떻게 산처럼 움직이지 않을 수 있겠습니까?"

"움직이지 않는다고 무위도식하시라는 말씀이 아닙니다. 중심이 흔들리지 않으면서도 필요에 따라 자유롭게 행동하는 것을 말합니다. 전하께서 백성을 사랑하시는 마음이 진실하다면 그 마음이 바로 불성입니다."

나옹은 이틀 동안 궁궐에 머물며 공민왕에게 법문했다. 임금은 원나라의 간섭으로 인한 고뇌와 고려 백성들의 신음과 슬픔을 털어놓았다.

"스님, 과인은 때때로 이 모든 게 꿈 같다는 생각이 듭니다. 왕좌도, 권력도, 심지어 사랑하는 사람의 죽음도…."

나옹은 고개를 끄덕였다.

"그런 고뇌가 바로 깨달음의 시작입니다. 금강경 말씀대로 모든 게 꿈 같고 그림자 같다는 것을 아는 게 곧 해탈의 문입니다. 하지만 꿈인 줄 알면서도 꿈속에서 해야 할 일은 해야 합니다. 그것이 보살의 길입니다."

이때 공민왕은 깊이 감동했다. 나옹의 법문을 통해 그는 단순한 위안이 아닌, 삶을 관통하는 진리를 발견했다. 나옹은 마음의 참모습에 관한 게송 두 편을 지어 임금에게 바쳤다. 게송을 읽고 난 공민왕이 크게 감탄하며 말했다.

"백문이 불여일견이라더니 스님의 고명을 듣는 게 직접 뵙는 것만 못하군요. 정말 며칠 새에 좋은 말씀 잘 들었습니다."

잠시 후 내첨사가 만수가사와 수정불자, 마노불자 등 갖가지 물품이 담긴 상자를 가져와 나옹에게 바쳤다. 임금과 왕비인 노국대장공주, 황태후 등이 보시한 물건들이었다. 나옹이 감사하다는 뜻을 전하자, 임금 곁에 있던 황태후가 말했다.

"그동안 스님의 깊은 법문 잘 들었습니다. 앞으로 가까운 신광사(神光寺)에 머무시며 자주 법문을 해 주시면 더 바랄 게 없겠습니다."

신광사는 지금의 황해도 해주 북고산에 있는 절이다. 원나라 황제인 순제가 어렸을 때 고려로 귀양 온 적이 있었다. 순제가 어느 날 길을 걷다 보니 숲속에서 신비한 빛이 나고 있었다. 가까이 다가가 자세히 살펴본 그는 버려진 불상에서 일어나는 빛이라는 걸 알게 되었다. 순제는 그걸 기이하게 여겨 그 자리에 커다란 절을 지은 뒤 대웅전에 그 불상을 모시고 원나라 황실의 원찰로 삼았다. 그 절이 바로 신광사였다. 순제는 8년에 걸쳐 신광사를 계속 증축해 1,000여 명의 대중이 머물 수 있을 만큼 큰 도량으로 가꿨다.

신광사에 주석해 달라는 황태후의 청이 있자 나옹이 손사래를 쳤다.

"산승은 산에 들어가 나라와 백성을 위해 축원하고 싶을 뿐 어떤 자리든 원치 않습니다."

그러자 공민왕이 서운하다는 표정을 지으며 나섰다.

"스님이 그렇게 말씀하신다면 저도 불법에서 물러가겠습니다."

이 한마디는 나옹의 마음을 움직이고도 남았다. 임금의 청을 따라 주지 않으면 불교를 믿지 않겠다는데 그렇게 하시라며 외면할 스님은 없을 것이다. 결국 나옹은 원하지도 않았던 신광사 주지를 맡게 되었다. 만약 공민왕이 나옹을 회암사 주지로 임명했다면 크게 고마워하며 받아들였을 것이다.

며칠 후 나옹이 신광사 주지로 부임한다는 소식이 전해지자, 신광사 대중들 모두가 그를 맞기 위해 해탈문 앞으로 나와 맞았다. 나옹은 신광사 해탈문, 보광명전, 법당에 이를 때마다 주장자를 들어 각기 다른 법문을 했다. 그날 나옹이 법좌에 올라서 했던 법문은 이렇다.

산승은 오대산을 떠나기에 앞서 벌써 여러분을 위해 오늘 법문에 대해 다 말했습니다. 지금 이 자리는 손님과 주인이 서로 만나 앉고 일어섬이 밝게 드러났으니 벌써 많은 일이 이뤄졌습니다. 그럼에도 이 산승에게 모래와 흙을 뿌리기를 바란다면 머나먼 하늘가에 흰 구름과 같은 일입니다. 그렇지만 나라 법으로는 바늘만큼도 받아들일 수 없으나 사람들끼리는 큰 수레나 말도 통할 수 있다 했으니, 이것을 아는 이가 있습니까?

이렇게 나옹이 신광사 주지로 부임한 지 얼마 지나지 않아 제2차 홍건적의 침입이 있었다. 이번에는 10만여 명이 넘는 병력이었다. 이에 공민왕은 복주(안동)로 피난길에 올랐고 그로부터 5일 뒤에는 수도 개경이 함락되었다. 고려에서는 정세운, 최영, 이방실, 이성계 등이 홍건적을 모조리 무찔러 없앴다. 달아나던 홍건적들이 서로 짓밟혀 쓰러져 죽은 시체가 성안에 가득할 정도였다.

홍건적의 제2차 침입이 시작되어 그중 한 무리가 신광사 쪽으로 쳐들어온다는 급보가 전해졌다. 이때 법문을 듣던 대중들이 나옹에게 소리쳤다.

"큰스님, 홍건적 수십 명이 우리 절로 달려오고 있답니다. 어서 피난을 가셔야 합니다."

이때 나옹은 미동도 없이 설법을 이어 나갔다.

"난 괜찮으니 홍건적이 두려운 분들은 떠나셔도 좋습니다."

결국 신광사 이곳저곳을 뒤지고 다니던 홍건적 일당은 법당에서 설법하던 나옹을 발견했다. 살기등등하던 그들은 금세 온순해졌다. 나옹을 비롯한 대중을 해치기는커녕 우두머리가 침향 한 조각을 나옹에게 바친 뒤 공손히 물러나는 것으로 그날은 해가 저물었다.

그렇게 되자 신광사 대중들은 나옹의 법력에 크게 놀라워하면서도 홍건적이 다시 들이닥칠 것을 염려했다.

"큰스님, 아까는 홍건적이 순순히 물러났지만 내일 다시 쳐들어올 게 분명합니다. 지금이라도 피난을 가셔야 합니다. 임금께서도 피난을 떠나신 지 여러 날이 지났습니다."

나옹이 답했다.

"홍건적이 우리 대중과 무슨 상관이 있겠느냐? 걱정할 것 없다. 인연이 있으면 살 것이다."

대중들은 수긍하지 못했다.

"큰스님께서 그자들의 흉포한 행위를 못 보셔서 하시는 말씀입니다. 고려인들을 닥치는 대로 칼로 베고 창으로 찔러 죽이는 자들입니다. 제발 저희와 함께 피난하셔서 법체를 보존하셔야 합니다. 그래야 부처님 말씀도 널리 전하실 게 아닙니까?"

이렇게 여럿이 독촉하자 나옹도 더는 고집을 부릴 수 없었다.

"정 그렇다면 내일 아침에 떠나도록 하자."

그런데 그날 밤 나옹은 이상한 꿈을 꾸었다. 거룩한 모습을 갖춘 어떤 노인이 나타나 절을 올린 뒤 말했다.

"스님들이 모두 떠나가시면 홍건적은 반드시 이 절을 불태워 버릴 것입니다. 하오니 스님께선 부디 뜻을 굳게 가지셔야 합니다."

그 꿈 때문에 나옹은 잠을 설쳤다. 함부로 움직여 절을 소실시킬 수는 없는 노릇이었다. 이튿날 날이 밝자 그는 신광사의 여러 전각을 돌아보았다. 그러다가 토지신을 모신 사당 안에서 그 토지신의 영정이 바로 꿈속에서 본 인물과 똑같다는 걸 발견했다. 나옹은 대중들을 소집해 말했다.

"난 이 절을 끝까지 지킬 것이니 홍건적이 두려운 사람은 지금 곧 떠나라."

모든 대중은 하는 수 없이 신광사에 남았다. 그때 나옹이 여러 제자에게 말했다.

"지금 음식을 마련해 토지신 사당에 올리고 경을 읽도록 하라."

그날 오후가 되자 전날 물러났던 홍건적이 다시 신광사로 들이닥쳤다. 그들은 경내에 있는 당우들을 돌아보거나 서로 잡담을 나누다가 그냥 물러났다. 그 이튿날도 마찬가지였다. 이후에도 홍건적은 신광사로 여러 번 침입했지만, 경내의 물건이나 먹을 것, 대중들에겐 손끝 하나 건드리지 않았다. 결국 신광사는 홍건적의 제2차 침입에도 무사했고 피난을 떠나지 않고 절을 지켜낸 나옹의 명성은 더욱 높아졌다.

"나옹 스님은 침묵만으로도 홍건적들을 감화시키신 고승이셔."

"정말 고려에 지공 스님과 같은 생불이 나타나신 게야."

나옹은 그렇게 신광사를 지켜냈음에도 틈만 나면 그곳을 떠나고자 했다. 그럼에도 그를 신광사에 묶어두려는 공민왕의 고집도 만만치 않았다.

1363년 7월, 나옹은 세 번째로 신광사 주지직을 사임하겠다는 편지를 임금에게 보냈다. 역시 공민왕은 그의 사직을 허락하지 않았다. 나옹은 하는 수 없이 신광사를 몰래 빠져나와 황해도 구월산 금강암으로 옮겼다. 이 사실은 즉시 공민왕에게도 알려졌다.

"전하, 나옹 선사가 구월산 금강암으로 떠나셨다고 합니다."

내시 김중손이 아뢰자, 공민왕이 명했다.

"즉시 금강암으로 가서 나옹 선사께 정성껏 공양을 올리도록 하라. 과인이 그동안 국정이 바쁘다는 핑계로 스님을 모시지 못한 탓이로다."

김중손은 임금의 명을 받들어 금강암으로 달려갔다.

한편 공민왕은 서해도 지휘사 박희, 안렴사 이보만, 해주 목사 김계생 등에게도 편지를 보내 금강암으로 가서 나옹 선사가 신광사에 다시 주석하시도록 청할 것을 명했다.

이렇게 임금의 뜻이 간절하다는 걸 알게 된 나옹은 하는 수 없이 신광사로 돌아갔다. 금강암으로 떠난 지 석 달 만의 일이었다. 그 뒤 나옹은 1365년까지 신광사에 주석하였다. 처음 신광사로 부임한 때로부터 따지면 모두 4년 동안 머물렀던 것이다.

나옹이 신광사에 머물 때는 원나라에서 처음 만났던 법제자인 무학도 한동안 함께 수행하게 되었다. 무학은 원나라에서 귀국한 뒤로 조용한 곳을 찾아다니며 은거했다. 그 바람에 무학이 신광사에 주석하기 전까지의 행적은 별로 드러나지 않고 있다. 하지만 그는 때때로 스승이 머무는 곳을 찾아가 법담을 나누거나 가르침을 받았다. 나옹이 원효암에 잠시 머물 때도 그랬고 신광사 주지로 있을 때도 마찬가지였다. 그런데 무학은 신광사에서 수행할 때 자신을 시기하는 몇몇 스님들로 인해 시달림을 받아야 했다.

1364년(공민왕 13) 가을이었다.

이른 새벽, 신광사 경내에 종소리가 은은하게 퍼지고 있었다. 대웅전에서 예불을 마친 대중이 하나둘 나오고 있었다. 그때 나옹과 무학은 으레 그렇듯 법당에서 법담을 나눴다.

"어떤가? 요즘 어떤 경계가 보이는가?"

"아닙니다, 스님. 소승이 어리석어 아직 이렇다 할 소식이 없습니다."

"무르익지 않았을 뿐이야."

"송구합니다. 미련한 저 때문에…."

무학이 공손히 합장하며 고개를 숙였다. 신광사에 온 지 한 달 남짓 지난 무학은 날마다 스승의 지도를 받으며 수행했고 최근 들어 깨달음의 경계에 가까워지고 있었다.

이 무렵, 나옹은 무학에게 게송 한 편을 주었다.

옷깃을 나누매 특별히 상량할 것이 있으니
누가 속의 뜻이 다시 현묘함을 알리오.
너희들 모두 불가하다고 하더라도
내 말은 겁공을 꿰뚫고 통하리라.

　　이것은 무학에 대한 나옹의 신뢰가 매우 깊다는 표현이었다. 그러면서도 나옹의 마음 한편에는 근심이 자리하고 있었다. 신광사의 몇몇 문도들이 무학을 곱지 않은 시선으로 바라보고 있다는 것을 알고 있었기 때문이다. 그들은 나중에 무학에게 누명까지 씌워 신광사에서 몰아내려고 했으나 나옹은 혜안으로 진실을 바로잡고 그들을 참회시켰다.

　　아울러 도반들의 시기로 고통받고 있던 무학을 위로해 주었다.

　　"자네가 누명을 쓰고 고생했네. 이런 게 부처님이 말씀하신 고(苦)가 아니겠나?"

　　"그런가 봅니다, 스님. 괴로움이라는 것은 무명과 집착, 욕심과 어리석음에서 생긴다는 말씀을 성전에서 누치 읽었는데 저는 이번에 그 실체를 제대로 겪어 봤습니다."

　　"나 또한 잠깐이나마 자네를 오해했으니 어리석었네."

　　"아닙니다. 스님께서 절 믿어 주시는 것만으로도 충분합니다. 하오나 이번처럼 누명을 쓰지 않으려면 제가 다른 곳으로 옮겨 수행하는 게 좋겠습니다."

　　이때 나옹이 제안했다.

　　"무슨 말인지 알겠네만, 이럴 땐 만행(萬行)을 하는 것도 괜찮겠지."

　　"만행이라면…?"

　　"이참에 금강산이나 다녀오세."

나옹의 말에 무학도 표정이 밝아졌다.

"좋습니다. 법기보살의 상주처인 금강산으로 가 흐트러진 심신을 바로잡는 것도 좋겠습니다."

나옹은 일곱 살 때 어머니를 따라 금강산 유점사로 갔던 일을 떠올렸다. 그때 지공 선사를 먼발치에서 보고 그의 검은 피부와 귀에 설었던 이국 말을 들으며 어린 마음에 충격을 받은 일이 어제 일처럼 되살아났다. 원나라 법원사에 머물 때 그 일을 말하자 지공 선사는 모처럼 파안대소를 했었다. 철모르고 가 봤던 그때의 금강산을 다시 찾으면 지공과 나옹 자신, 그리고 무학을 잇는 인연의 끈이 법원사에 있을 때처럼 이어질 것이라는 생각이 들었다.

무학과 금강산의 여러 사찰을 돌아본 나옹이 신광사에서 물러난 것은 1365년(공민왕 14)이었다. 이때 그는 개경 궁궐로 가서 정식으로 사직을 청했고 공민왕은 마지못해 허락했다. 그것으로 자유의 몸이 된 나옹은 오대산에서부터 지어 부르기 시작한 '청산가'를 부르며 용문산, 원적산 등을 주유했다.

그러던 1367년(공민왕 16) 가을이었다. 공민왕이 교주도(지금의 춘천, 철원 등 영서지방을 관할하던 행정 기구) 안렴사 정양생에게 교서를 내렸다.

"나옹 선사를 찾아뵙고 청평사에 주석하시도록 하라."

청평사는 오늘날 춘천시 북산면에 소재한 고찰로 신광사와

함께 원나라 황실의 원찰이었다. 나옹은 원나라에서 10년간
유학한 인연으로 신광사에 이어 청평사에도 주석하게 되었다.
하지만 그가 진심으로 머물길 원했던 사찰은 여전히 회암사였
다.

다시 찾은 마음의 고향 오대산, 그리고 회암사

나옹이 춘천 청평사에 머물던 1367년(공민왕 16)은 그의 인생에서 중요한 전환기였다. 그가 원나라 유학 때 알고 지내던 보암(普菴) 장로가 어렵게 청평사로 찾아와 지공 스승의 소식을 전한 게 계기였다.

"보암 노스님, 이 먼 고려까지 어인 일이십니까?"

"내가 죽기 전 지공 스님의 유촉을 전하려고 찾아왔소."

이 무렵 나옹의 속랍은 마흔일곱이었다.

"안 그래도 날마다 지공 스님의 안부가 궁금했지만, 소식을 전할 수가 없어서 답답했습니다."

당시는 중국이 원명 교체로 인한 극도의 혼란기여서 고려와 중국 국경을 드나드는 게 불가능했다. 자칫하면 간첩으로 오인받아 목숨이 위태로웠기 때문이다. 그런 마당이라 인편으로 편지를 전하는 것조차 힘든 때였다.

"지공 스님께서 신축년(1361년)에 열반하시기 전 스님께 전해 드리라는 가사와 편지를 이제야 가져왔소."

"네에? 지공 스님이 신축년에 열반하셨단 말입니까? 신축년 이면 벌써 6년 전 아닙니까?"

나옹이 크게 놀라며 보암에게 물었다.

"아시다시피 고려와 중국 사이의 교통이 다 끊어진 마당이 라 부고를 바로 전하지 못하고 차일피일 미루다 보니 이렇게 됐구려."

"나무아미타불! 나무관세음보살! 나무지장보살마하살!"

나옹은 보암이 전해준 지공의 가사 앞에 삼배를 올렸다. 고 려로 귀국한 뒤 그는 늘 지공 스님의 안부가 궁금했다. 하지만 그렇다고 미주알고주알 문안 편지를 보낼 수도 없었다. 그러는 동안 오대산, 해주 신광사를 경유해 이제는 춘천 청평사로 옮 겨 다니는 생활로 인해 더욱 스승께 안부를 여쭐 수가 없었다. 그렇다 보니 원나라 대도 법원사에서 지공 스님을 모셨던 중 국 도반들에 대한 섭섭한 마음도 들었다. 아무리 왕조가 바뀌 는 혼란기라 해도 지공 문하에서 함께 공부했던 자신에게 급 보 몇 마디 전할 수 없었을까 하는 서운함 때문이었다.

그럼에도 지공 스님은 당신이 입으셨던 가사는 물론 나옹 자신에게 법을 잇게 한다는 편지를 남기셨으니 없던 힘도 생 겨날 것 같았다. 나옹은 원나라를 떠나기 전 지공 선사로부터 전법을 받았으며 거기에 필요한 의식과 절차를 거쳤다. 하지만 그것은 어디까지나 중국에서 일어난 일이라 일부 고려인들은 그게 꾸민 말일지 모른다며 의심할 수도 있는 일이었다.

그에 비해 지공이 열반 직전 제자에게 입던 옷을 물려주었던 것은 그 자체로 법을 잇게 하는 상징적인 행위이며 편지는 그 행위를 문서로 증명하는 인증서라 볼 수 있었다. 보암 노스님의 방문으로 인해 나옹이 지공의 법을 계승했다는 것은 고려인들 누구나 수긍할 수밖에 없는 공식적인 일이 되었다. 지공의 법의와 편지가 그 물증이었다.

"아무튼 늦게라도 이 귀한 유언을 전해 주시려고 먼 걸음을 하셨으니 정말 고생하셨습니다."

나옹은 보암에게 진심으로 감사를 표한 뒤 공민왕에게 보시받았던 차를 대접했다.

이튿날 아침, 나옹은 지공 스님이 남긴 가사를 입고 청평사 대중을 법당에 모이게 했다. 긴급히 지공 스님을 추모하는 법회를 열기 위해서였다.

나옹은 이 일이 있은 뒤에도 청평사에서 2년 남짓 머물다가 다시 오대산으로 발길을 돌렸다. 1369년(공민왕 18) 9월, 단풍이 온 산을 황홀하게 물들인 때였다.

당시 나옹은 몸이 편치 않아 심신의 안정을 위해 오대산을 다시 찾은 것이었다. 그만큼 오대산은 나옹에게 마음의 고향과 같은 곳이었다. 아무 잡념 없이 수행에 전념하면서도 오롯이 내면을 다질 수 있는 곳으로 오대산만 한 정진처는 없었다.

"큰스님, 오랜만에 오대산을 찾는 것 같습니다."

각운과 지선 등 오대산과 인연이 깊은 제자들이 말했다. 지선은 오대산으로 처음 출가할 때와 상두암에서 나옹 선사를 뵐 때의 감흥이 엊그제처럼 떠올랐다.

"그렇구나. 여길 떠난 지 벌써 9년쯤 지난 것 같다. 별일 없다면 이 오대산에 뼈를 묻고 싶었는데…."

각운은 뼈를 묻겠다는 스승의 말씀에 갑자기 목이 메었다. 청평사를 떠나실 때 건강이 안 좋아지신 것을 두고 벌써 죽음을 생각하시는가 싶어서였다.

"스님, 여긴 산세도 좋고 물과 공기가 다 맑은 곳이니 금세 건강을 찾으실 수 있을 겁니다."

"그래. 나 또한 그런 생각으로 오대산을 찾은 것이다."

이 시기에 나옹이 머물던 암자는 영감암이었다. 영감암은 월정사에서 상원사로 가는 길의 왼쪽 기슭에 있으며 동피골 주변에 자리 잡은 암자였다. 훗날 조선 시대에는 왕조실록 사고지가 조성된 곳이기도 하다. 이는 오대산이 물, 불, 바람의 삼재가 들지 않는 곳이라는 믿음 때문이었다. 실제로 전주 사고본을 바탕으로 재출판한 '오대산 사고본'은 그 뒤 300여 년 동안 안전하게 지켜졌다. 하지만 1914년 일제가 오대산 사고본을 일본으로 강제 반출하면서 막을 내리고 말았다.

나옹은 이곳에 머물며 '토굴가(土窟歌)'라는 가사를 지었다. 이 가사 또한 청산가와 함께 오늘날까지 여러 수행자들을 통

해 전승되고 있다. 토굴은 한 사람이 머물며 수행할 수 있는
한 칸 크기의 작은 수행처를 일컫는다. 당시 영감암이 토굴 규
모는 아니었지만, 인적이 드물고 어느 곳보다 아늑하여 나옹
은 토굴에서 지내는 느낌을 받았다. 그래서 한 칸 토굴에서 도
를 닦는 수행자의 마음가짐을 토굴가로 표현했다.

푸른 숲 우거진 깊은 골에 한 칸 토굴 지어놓고
소나무 문 반쯤 열고 부처님 말씀 되새기니
버드나무 우거진 봄날 삼월에 봄바람 건듯 불어
뜰앞에 갖가지 꽃은 곳곳마다 피었는데
풍경도 좋거니와 빛깔은 더욱 좋다.

그중에 무슨 일이 세상에 가장 귀한가.
생멸을 벗어난 참으로 묘한 향을 옥 향로에 꽂아두고
고요하고 밝은 창 아래 묵묵히 홀로 앉아
십 년을 정해놓고 일대사를 궁구하니
이전에 모르던 일 오늘에야 알았구나.

나 혼자 훤하게 깨달은 마음의 달 오랜 세월 밝았는데
어둡고 긴 밤 번뇌 속에 길 못 찾아다녔도다.
영축산 여러 부처님 회상 곳곳에 모였는데
소림굴 조사 가풍 어찌 멀리 찾을쏘냐.

청산은 말없이 조용하고 맑은 물은 잔잔한데

시원한 바람 소슬하니 어떠한 소식인가.

- 나옹 선사 '토굴가' 중 일부

나옹이 영감암에서 1369년을 보내고 1370년(공민왕 19) 정월을 맞은 때였다. 하루는 누군가 긴박하게 찾는 목소리가 들렸다.

공양간에서 아침 공양을 준비하던 지선이 그 소리를 듣고는 밖으로 나갔다. 처음 보는 스님이 지선과 마주치자 미소를 띠었다.

"어떻게 오셨는지요?"

지선이 묻자 낯선 스님이 답했다.

"큰스님께 드릴 말씀이 있어 회암사에서 왔습니다."

지선은 아직 법당에 계신 나옹 스님에게 달려가 고했다.

"큰스님, 회암사에서 스님이 오셨습니다."

이때 나옹은 회암사라는 말을 듣자 가슴이 뛰었다. 젊은 시절에 회암사에서 정진하던 때의 일과 깨닫고 난 뒤 오도송을 썼던 일, 지공 스님께 회암사에 머물며 법을 펴라는 당부가 한꺼번에 떠올랐기 때문이다.

"그래 무슨 일로 왔는가?"

나옹이 회암사 스님에게 물었다.

"사실은 며칠 전인 정월 초하루에 원나라에서 달예 스님이 오셨습니다."

나옹은 '달예'라는 이름을 듣자 반가운 마음이 앞섰다. 대도 법원사에서 도반으로 지냈던 달예 스님이 회암사에는 웬일인가 싶었다.

"달예 스님이 회암사에 왔단 말인가? 무슨 일로 왔던가?"

"지공 스님의 사리를 모셔 왔습니다."

지공 선사는 1363년에 열반했지만, 제자들이 다비를 끝낸 것은 5년쯤 지난 1368년이었다. 당시 중국이 원나라에서 명나라로 교체되는 극심한 혼란기인 데다 제자들이 지공을 다비하는 대신 등신불을 만들어 모셨기 때문이다.

지공은 수행이 상당한 경지에 올랐기에 입적한 뒤에도 자신의 몸을 썩지 않게 하는 능력을 가지고 있었다. 그 사실을 알고 있던 제자들은 좌탈입망한 지공의 시신을 그대로 항아리에 넣은 뒤 항아리와 시신 사이의 공간을 숯으로 채웠다. 그렇게 하면 시신에 남은 수분은 빠져나가고 근육과 뼈는 살아 있을 때와 똑같은 모습을 유지하게 된다. 그 뒤 몸에 종이를 바르고 그 위에 금박을 입혀 생전의 모습을 간직한 등신불을 만드는 것이다.

제자들은 그 등신불을 신앙의 대상으로 삼아 생전과 다름없이 모셨다. 이후 중국 내부의 정세가 날이 갈수록 불안해지자 1368년에 등신불을 다비하기로 결정했다. 그해에는 주원장이 남경에서 명나라를 세웠으며 이듬해에는 법원사가 소재한 대도를 점령했다. 원나라에서 명나라로 정권이 교체된 것이다. 이처럼 극심한 혼란이 닥치자, 지공의 제자들이 모였다.

"이대로 가다간 큰스님의 등신불을 그대로 지키는 게 불가능할 것입니다."

"그렇습니다. 이번 기회에 다비하여 사리를 각자 나눠 모시기로 합시다."

이렇게 결의한 뒤 1368년 가을, 다비를 했다. 이때 수습된 지공의 사리를 4등분하여 달현, 청혜, 법명, 장록길이 나누어 모시게 되었다.

이듬해인 1369년, 달현은 도반인 달예와 함께 고려로 입국할 때 자신이 모셨던 사리는 물론 청혜가 모셨던 사리의 일부도 함께 가지고 왔다. 그 결과 지공의 사리 중 5분의 2 정도가 나옹에게 전달되었다.

"그렇구나. 천축국의 고승께서 고려 땅을 안양국으로 삼으시려는 게야."

그 순간 나옹은 자신이 해야 할 일을 머리에 떠올렸다. 바로 스승의 부도를 회암사에 세우는 일이었다. 나옹은 회암사 스님에게 당부했다.

"잘 알았네. 내가 회암사에 부도를 세워 모실 때까지 지공 스님의 사리는 왕륜사에 모셔둘 생각이네."

개경 송악산에 있는 왕륜사는 태조 왕건이 창건한 도량으로 개경 십찰(十刹)의 하나로 손꼽혔다. 나옹은 지공의 사리를 이 왕륜사에 임시로 모셔둘 생각이었다.

"알겠습니다, 큰스님."

부도탑을 세우는 건 하루아침에 이뤄질 일이 아니었다. 부도를 만들 석재와 솜씨 좋은 석수(石手), 회암사 내에 부도탑을 세울 장소 및 여러 절차적인 문제들을 추진하려면 적어도 1년에서 몇 년 정도는 걸릴 터였다.

나옹은 곧 회암사로 가 지공의 사리에 큰절을 올렸다. 그리고 개경 궁궐로 입궐해 공민왕에게 그간의 경위를 설명하고 앞일을 상의했다.

"지공 선사께서 큰스님에게 법의와 편지를 유언으로 보냈고, 이번엔 지공 선사의 사리까지 고려에 모시게 되었단 말씀입니까?"

"그렇습니다, 전하."

"지공 선사께서 우리 고려를 잊지 않으시고 큰스님께 법을 잇게 했으니 이보다 기쁜 일이 어디 있겠습니까?"

"차제에 회암사에 지공 선사 부도탑을 세우고자 합니다. 그에 앞서 사리를 왕륜사로 이운해 당분간 모실까 합니다만…."

나옹의 말에 공민왕이 대답했다.

"마땅히 그리해야지요. 과인도 지공 선사의 사리를 친견하겠습니다."

사흘 후, 회암사를 떠난 지공 선사의 사리는 개경으로 향했다. 사리가 마침내 궁궐 앞에 이르자 공민왕은 사리를 친견한 뒤 직접 머리에 이고 궁궐로 정중히 모셨다.

왕의 이와 같은 극진한 예우에 나옹은 지난날 원나라 법원사에서 지공 선사의 가르침을 받던 때가 주마등처럼 스쳐 지나갔다. 일곱 살 때 어머니를 따라 금강산에 가서 지공 선사가 주관한 법회를 지켜보고 친필과 계첩 등을 받았을 때의 얼떨떨한 느낌도 다시 살아나는 듯했다.

사람은 어떤 신분을 가졌든, 어떻게 살아왔든 누구나 죽는다. 그 죽음 뒤엔 무엇이 있을까? 그리고 죽기 전까지 어떻게 살아야 할까. 이것이 어릴 때부터 나옹이 품어온 근본적인 의문이었고 그 의문을 풀기 위해 그는 출가했다. 대승 수행자는 위로는 깨달음을 구하고 아래로는 중생을 제도한다고 했으니 이제 그는 스승의 부도를 세운 뒤 본격적으로 중생제도의 길로 나서기로 했다.

왕륜사에 스승의 사리를 임시 안치한 나옹은 그 이운 법회를 마친 뒤 광명사로 향했다. 광명사는 본래 고려의 태조 왕건이 살던 옛집이었다. 왕건이 고려를 건국한 뒤 그 집을 절로 만들라며 희사하여 창건되었는데 훗날 선의 도리를 논하는 담선법회(談禪法會)가 정기적으로 열리던 도량으로 유명했다. 태조의 옛집을 개조한 곳이다 보니 고려 왕가와 밀접한 관계가 있는 도량이기도 했다.

"큰스님께서 여긴 어인 일이신지요?"

나옹 일행이 광명사에 도착하자 그를 알아본 몇몇 스님들이 달려 나와 절한 뒤 물었다.

“머잖아 하안거 결제가 있으니, 올해는 광명사에서 하안거를 지내려고 왔네.”

그렇게 나옹 일행이 그해 하안거를 개경 광명사에서 보낸 뒤였다.

음력 8월 초, 공민왕이 보낸 내관이 광명사로 찾아와 나옹에게 고했다.

“큰스님, 모레(8월 3일) 대궐에서 재(齋)가 있는데, 전하께서는 그 재를 큰스님께서 주관해 주시길 원하십니다.”

나옹이 물었다.

“궁궐 법당에서 열리는 재라면 왕사께서 주관하시는 게 합당한데, 왜 내게 그 일을 맡으라고 하셨는가?”

“해마다 왕사가 주관하신 건 사실이오나 올해는 무슨 일로 그런 당부를 하신 것인지는 저도 모르겠습니다.”

내관의 답변을 듣고 난 나옹은 의아해하면서도 그 청을 거절할 수 없었다.

“하여튼 알았네. 초사흗날 아침에 대궐로 가겠네.”

이 무렵 공민왕은 2년 전인 1368년에 중국에 새로 들어선 명나라 정권의 간섭과 내부적인 갈등을 극복하는 일로 머리가 복잡할 때였다. 명나라 황제는 1370년 5월에 공민왕에게 조서(詔書)를 보내왔다. 조서에는 이런저런 간섭적인 발언과 함께 무엇보다 “승려의 정치 개입을 경계하라, 신돈의 집권은 용납할 수 없다.”라는 내용이 담겨 있었다.

명나라가 아무리 황제 국가라지만 고려의 내정에 간섭하려 들다니 공민왕은 여간 불편한 게 아니었다. 그렇다고 반원 자주 정책을 펴왔던 그가 명나라의 간섭을 아예 외면할 수도 없는 형편이었다. 결국 그는 1365년부터 자신의 사부(師傅)로 삼아 국정 전반을 맡겼던 신돈을 어떻게 처리할 것인지 고민하지 않을 수 없었다.

공민왕이 신돈에게 실권을 준 것은 그해에 왕후 노국대장공주가 출산하다가 난산으로 숨진 일과 관련이 깊었다. 이때 공민왕은 매우 슬퍼한 나머지 아예 정치에 손을 뗄 정도였으며 왕비의 초상화를 그려 벽에 걸어놓고 날마다 그리워했다. 물론 왕비의 영혼을 달래기 위해 천도재 등을 지내는가 하면 영전을 지어 왕비의 진영을 모시게 했다. 이와 함께 이전에 국정 자문을 받으려고 염두에 두었던 신돈에게 아예 실권을 위임했다.

신돈은 이때부터 고려의 내정을 대대적으로 개혁해 왔다. 권력자들이 차지한 토지와 노비를 본래 주인에게 돌려주는가 하면 억울한 천민을 양인으로 해방시키기도 했다. 이런 정책이 어느 정도 성과를 거두자, 일반 백성과 노비들은 신돈을 '성인(聖人)'이라 추켜세울 정도였다.

하지만 계속 이어지는 홍건적과 왜구의 침탈, 가뭄으로 인한 흉년 등 신돈의 과감한 개혁 정책으로도 해결할 수 없는 문제들이 계속 이어졌다. 당연히 신돈은 백성들의 인심을 차츰 잃기 시작했고 더구나 새로 들어선 명나라마저 신돈 같은 자를 경계하라고 충고하자 공민왕은 고민에 빠질 수밖에 없었다. 이런 때여서 공민왕은 백성들 사이에서 '살아 있는 부처'로 추앙받고 있는 나옹을 새로운 관점으로 보게 되었다.

8월 3일, 나옹이 약속한 대로 궁궐 내부에 만들어진 법당으로 가서 재를 마치고 법문한 뒤였다.

"스님께서 어려운 걸음을 해 주셨군요."

공민왕이 고맙다는 인사를 전했다.

그날 나옹과 점심 공양을 마치고 차를 마시던 공민왕이 말했다.

"지공 선사께서 법의와 함께 편지를 스님께 보내 전등(傳燈)하게 해 주셨고 지난번에는 사리를 이운했으니 지공 선사의 가르침이 고려를 크게 비추는 듯합니다."

"그렇습니다. 큰스님께선 제가 귀국하기 전 삼산양수지간(三山兩水之間)의 도량에 머물면 불법과 고려 왕조가 크게 흥할 것이라는 수기를 내리셨습니다."

"그래서 하는 말인데, 이제 나옹 스님이 회암사로 가셔서 지공 스님의 유지를 받들 때가 된 것 같군요."

이는 나옹이 오래전부터 고대했으면서도 가볍게 드러내지 않았던 소원이기도 했다.

"그러면 소승이 회암사로…?"

“그렇습니다. 원나라에서 귀국하셨을 땐 경황이 없어서 말씀드리지 못했지만, 지금은 어느 정도 정리되었으니, 스님께서 회암사에 머물러 주시길 바랍니다.”

“나무아미타불!”

전부터 임금이 어떤 절에 머물러 달라고 청하면 사양부터 했던 나옹이었지만 회암사만큼은 예외였다. 그런 날을 학수고대해 왔기 때문이다.

며칠 후 공민왕은 측근인 안익상에게 명했다.

“오늘 나옹 선사께서 회암사 주지로 부임하시니 안전하게 호위해 드려라.”

그리하여 1370년 8월 17일, 나옹은 회암사로 옮겨 주석하게 되었다. 그가 귀국한 지 12년 만의 일이었다.

공부선(功夫選) 주관

나옹이 회암사에 주석한 지 며칠 안 되는 1370년 9월 10일 아침이었다. 공민왕이 내관에게 명했다.

"회암사로 가서 나옹 선사를 모셔 오너라."

나옹은 그날 오후 궁궐로 들어섰다.

"나옹 스님, 지공 선사 부도탑 모시는 일은 잘 준비되고 있습니까?"

"예, 전하 덕분에 순조롭게 진행하고 있습니다."

"오늘 스님을 뵙자고 한 것은…"

공민왕은 이렇게 운을 뗀 후 사이를 두었다가 다시 말했다.

"오교양종의 스님들을 모아놓고 그들의 공부를 시험하면 어떨지 스님의 고견을 듣기 위해섭니다."

"그러니까 공부선(功夫選; 고려 시대, 선교양종의 승려가 함께 치렀던 시험)을 여시겠다는 말씀인지요?"

"그렇습니다. 공부선의 장소와 일시는 스님이 정하시고, 또 그날 법회 또한 스님이 주관하시길 바랍니다."

공민왕의 답변을 듣고 난 나옹이 잠시 생각하더니 말했다.

"그러면 엿새 뒤인 이달 16일로 하고 장소는 개경 광명사가 좋겠습니다."

"그게 좋겠군요. 그날은 과인과 대신들도 참관하겠습니다."

공민왕이 이처럼 공부선 행사를 열게 한 것은 신돈을 몰아내고 친정을 선포하기 위한 준비 과정이었다. 앞서 말한 대로 새로 건국한 명나라에선 공민왕에게 편지를 보내 신돈과 같은 승려를 조심하라고 경고했었다.

그런데 공교롭게도 처음엔 놀랄 만한 개혁 정책을 추진하던 신돈은 차츰 이렇다 할 성과도 없이 민심을 잃고 있었다. 그리디니 1369년에는 사심관 제도를 부활시켜 자신의 세력 기반을 구축하려 했고, 그게 무산되자 충주(忠州)로 천도할 것을 건의했다. 공민왕은 이런 건의마저 거절하며 신돈의 힘을 뺐다. 그리고 이듬해인 1370년 10월에 친정을 선포했으며, 1371년 7월에는 역모를 꾀하려 했다는 이유를 들어 신돈을 아예 사형시켰다.

따라서 공민왕이 친정을 선포하기 직전인 1370년 9월에 공부선을 실시한 것은 신돈 제거를 염두에 두고 다른 승려들을 발탁하기 위한 준비 과정이었다. 아울러 불교 국가인 고려의 정치와 문화가 큰 변화를 맞게 된다는 걸 보여 주려는 시도였다.

나옹은 회암사 주지로 임명될 때부터 이런 흐름을 읽고 있었기에 공부선을 통해 공민왕의 요구대로 불교 교단을 개편하고자 했다. 공부선을 실시한 것은 고려 불교계뿐만 아니라 사회 전체의 분위기를 바꾸면서 승가의 수행 가풍에도 새로운 바람을 일으키려는 목적도 있었다. 그렇기에 공민왕은 당대 최고의 선승으로 존경받던 나옹 선사에게 공부선을 주관하게 했다.

이 공부선을 치르기 전까지 고려의 승과(僧科)는 선종과 교종으로 나뉘어 실시되었다. 하지만 이때의 공부선은 선교양종에 속한 모든 스님을 대상으로 삼았으며 임금과 대신들이 직접 참관하였던 국가적인 시험이었다. 그만큼 고려사에서는 이 시험이 매우 특별한 승과로 손꼽힌다.

이날 나옹은 전국 각 사찰로 급히 편지를 보내 9월 16일 광명사에서 공부선을 치를 계획이니 많은 참여가 있길 바란다는 뜻을 전했다.

이윽고 9월 16일, 나라 안의 쟁쟁한 선사, 강사 등과 시골에 묻혀 공부하던 내로라하던 스님들이 모두 광명사로 모였다. 그날은 국사인 설산 천희(雪山千熙)는 물론, 나옹과 함께 고려 말 삼사 중 한 분으로 일컬어지는 백운 경한(白雲景閑) 선사도 참관했다. 또 공민왕을 비롯해 나라의 공신과 고관대작들도 모두 나와 스님들의 실력을 가늠하게 되었다. 국가적이며 역사적인 행사가 된 셈이었다.

이 무렵 불교는 조계종과 천태종이 주류를 이뤘으며 여기에 유가종과 화엄종도 주목을 받고 있었다. 그런데 이때의 국사였던 설산은 화엄종 출신이었다. 공민왕에게 발탁되어 고려의 개혁을 이끌다가 퇴출되기 직전의 신돈 또한 화엄종계로 분류되었다.

이날 시험이 치러지기 전 나옹은 설산 국사에게 합장한 뒤 방장실로 들어갔다. 그러더니 갑자기 방석을 들며 설산 국사를 불렀다.

"화상이시여!"

이때 설산이 머뭇거리자, 나옹은 들고 있던 방석으로 그의 머리를 후려치고 방장실에서 나왔다. 설산은 교종인 화엄종에 속하지만, 이날 공부선이 선교양종을 아우르는 시험인지라 참관하게 된 것이다. 따라서 선사인 나옹이 교종의 설산 국사에게 선문답을 요구한 것은 당시 불교 교단의 분위기가 선종 우위에 있음을 보여 주거나 장차 선종 우위로 바뀔 것임을 암시하는 사건으로 볼 수 있다.

사실 이날 나옹이 출제한 문제 역시 선종 승려들에게 유리한 질문들이었다. 이런 점에서 공부선은 선교양종을 아우르는 시험이라지만 실제로는 선종 승려들을 대상으로 삼았다고 볼 수 있으며 교종에 속한 승려들로서는 편파적이라고 느낄 수밖에 없었다. 나옹과 설산에 얽힌 이 일화는 화엄종이 물러나고 조계종이 부상한다는 시대 상황을 상징적으로 보여 주고 있다.

잠시 후 광명사 사나당에 마련된 법좌에 앉은 나옹이 향을 사른 뒤 공부선에 참여한 스님들에게 말했다.

마음가짐과 몸가짐의 모든 틀을 때려 부수고 성인이니 보통 사람이니 하는 때 묻은 생각은 싹 쓸어버리십시오. 한칼로 여러분의 목숨마저 없애버리고 순식간에 무량겁의 알음알이를 말끔히 없애버리십시오. 죽이고 살리는 일을 모두 때에 맞게 하고, 깨치고 바로잡음이 다 이 손안에 있으니 과거, 현재, 미래의 부처님도 이와 같고 모든 조사 스님들도 이와 같으며 하늘 아래 큰스님들도 꼭 이와 같을 뿐입니다.

산승도 다만 이와 같은 법으로 우리 임금님께서 길이길이 사시고 임금님의 몸과 마음이 끝없이 피어나시고 임금님의 슬기와 목숨이 다함 없기를 비는 것입니다. 여러분들도 부디 참되게 대답하시고 헛된 말은 하지 마십시오.

… 수행이 되었어도 말이 이르지 못했다면 그것은 참된 수행이라고 할 수 없으며, 말이 되었어도 수행이 이르지 못했다면 참된 말이라고 할 수 없습니다. 하지만 말과 몸가짐이 다 참되다 하더라도 이것은 다 문밖의 일입니다. 그렇다면 이 문안에 들어올 수 있는 한마디는 무엇입니까?

이에 스님들은 모두 말없이 서로를 바라볼 뿐이었다.

나옹은 이 법문을 마친 뒤 본격적으로 시험을 시행했다. 공부선에 참석한 스님들이 한 사람씩 차례대로 나와서 앞에 마주 서면 나옹이 질문하는 형식이었다.

이때 나옹이 출제하려고 했던 문제는 크게 세 단계로 예정되었다. 첫 번째는 '문안에 드는 세 마디(입문 3구)', 두 번째는 '참선 공부하는 데 살펴야 할 열 가지 가닥(공부 10절)', 세 번째는 '세 가지 굴린 말(3관)' 순서였다.

마침내 첫 수험자가 나옹 앞에 마주 섰다.

"문안에 드는 한마디를 분명히 말해 보시오."

"그, 그건 모르겠습니다."

첫 단계의 첫 번째 질문임에도 답변하지 못했다. 교종 사찰에 속한 스님들은 그렇다 쳐도 선사들로 손꼽히는 참여자 중에서도 분명히 답하는 스님은 없었다. 그 뒤에도 이런 질문에 답변하는 스님은 아무도 없었다. 대부분 모른다고 답했으며 어떤 선사는 "뜻으로는 알지만, 삶 속에서는 깜깜합니다."라고 답했다. 또 어떤 선사는 알아듣지 못할 말을 한마디 내뱉고는 그냥 나가버리기도 했다. 첫 질문에 답하는 사람에게 다음 단계의 질문을 던질 텐데 모두 첫 단계의 첫 번째 질문에서 막히니 답답한 노릇이었다. 결국 나옹은 입문 3구만 묻고 공부 10절과 3관은 묻지 않기로 했다.

친히 시험을 참관하던 공민왕은 얼굴을 찌푸릴 수밖에 없었다. 저래서야 신돈을 대신해 고려를 이끌어갈 인재를 어찌 뽑겠는가 하는 표정이었다.

공부선에 참여한 모든 스님이 시험을 마칠 무렵이었다. 급히 달려왔는지 환암 혼수가 가쁜 숨을 내쉬며 나옹 앞에 섰다.

"스님, 늦게 참석해서 송구합니다."

나옹은 오대산 고운암에서 환암 혼수와 오랫동안 법담을 나눈 뒤 그의 요청대로 입문을 허락하고 법제자로 삼은 바 있었다. 며칠 후에는 나옹이 혼수가 수행하던 신성암으로 내려가 불자(拂子) 등을 전하며 법을 전했다. 그 뒤로는 각자 오대산을 떠나 이따금 편지로 소식을 전했지만 직접 만난 것은 10여 년 만이었다.

"환암 선사, 어서 오시오. 그간 잘 지냈습니까?"

나옹이 반가워하며 인사를 건넸다.

"덕분에 잘 지냈습니다만 지금은 공부선을 치르는 중이니 다른 스님들과 똑같이 대우해 주십시오."

사적인 관계를 떠나 공식적인 질문만 해달라는 요청이었다. 나옹 또한 그 시험의 공정함을 보이기 위해 그렇게 할 작정이었다.

"그럼, 첫 번째 질문을 하겠소. 무엇이 문안에 드는 한마디인지 일러 보시오."

"들어오니 도리어 들어오지 않을 때와 같습니다."

혼수가 머뭇거리지 않고 답하자, 공민왕과 문무 신료들이 크게 놀라는 표정이었다.

"문을 마주한 한마디는 무엇입니까?"

"좌우에 치우치지 않고 중앙 한복판에 서는 것입니다."

"그럼 문안에 들어선 한마디를 일러 보시오."

"안팎이 본래 공한데, 가운데가 어디 있겠습니까?"

이렇게 입문 삼구에 관한 문답이 끝나자, 나옹은 곧이어 삼관에 대해 물었다.

"산은 어찌 묏부리에 그치는 것이오?"

"높은 곳에 이르면 낮아지고, 낮은 곳에 이르면 곧 그치는 법입니다."

"적은 물이 어찌하여 도랑을 이루는 것이오?"

"큰 바다가 몰래 흘러들어 이르는 곳에 개울을 이룹니다."

"밥은 어째서 흰쌀로 짓는 것이오?"

"모래로 짓는다면 어떻게 좋은 밥이 되겠습니까?"

이같이 나옹의 어떤 질문에도 혼수가 거침없이 답하자, 공민왕은 크게 흡족한 표정을 지었다. 당연히 그는 이 공부선의 유일한 합격자로 발표되었다.

공부선이 끝난 뒤 공민왕은 나옹에게 극진히 공양을 올렸고, 회암사로 돌아갈 때는 안장을 채운 말을 내주어 편히 갈 수 있도록 배려했다.

이 공부선을 치르고 1년 가까이 지난 1371년 8월 26일이었다. 이날 나옹은 공민왕의 왕사로 책봉됐고 그것을 기념해 회암사 대중들에게 법문했다.

나옹은 지공 선사의 부도탑을 세울 때 스승의 면모를 소개한 적이 있었다. 그때 스승을 '혼금(渾金)'에 비유한 적이 있다. 혼금이란 제련되기 전의 철을 가리키는 말로 타고난 본래면목을 뜻하는 말이다. 다시 말해 어떤 사상이나 가르침의 영향을 받아 그것을 모방하지 않는 모습을 가리킨다. 따라서 나옹이 지공 선사를 혼금에 비유한 것은 다른 사람의 영향을 받지 않고 자신만의 체험을 말할 수 있는 스승이라는 걸 강조한 말이다. 마찬가지로 위의 법문에서 말한 '쇠로 된 사람'도 어떤 가공된 모습이 아니라 본래 타고난 모습을 가진 사람을 말한다. 이런 점에서 지공 선사가 추구했던 선사상과 평산 처림이 이어받은 임제종의 선사상은 공통점이 있다.

나옹은 이 혼금이나 쇠로 된 사람처럼 자기 확신과 직접적인 체험을 통해 깨달음을 말할 수 있는 수행승이 될 것을 이 법문에서 강조하였다.

한편 공민왕은 나옹을 왕사로 임명한 뒤 '동방제일도량'으로 알려진 순천 송광사 법주로 부임하도록 했다. 아울러 금란가사 등의 법의와 발우를 내렸다. 결과적으로 보면, 나옹은 공부선을 계기로 왕사의 지위에 올랐고 동방제일도량의 법주에 오른 셈이었다. 나옹이 원했든 원하지 않았든 이 시기는 그의 인생에 있어 절정기로 볼 수 있다.

나옹 이전의 고려 왕사는 태고 보우였다. 보우는 1356년에 왕사로 책봉되었으나 신돈과의 갈등으로 얼마 후 사직하고 소설사, 법주사 등에서 머물렀다. 그러나 새옹지마라는 말처럼 신돈이 제거된 이듬해인 1371년, 공민왕은 보우를 국사로 임명한 데 이어 공석이 된 왕사의 자리에 나옹을 책봉한 것이다. 다시 말하면 신돈이 사라진 뒤 보우와 나옹 등 새로운 인물이 고려 불교를 이끌게 된 것이었다.

왕사가 된 나옹의 마음은 복잡했다. 그렇기에 멀리 순천에 있는 송광사로 내려가는 걸음은 그리 가볍지 않았다. 그는 8월 28일에 회암사를 떠나 한 달 만인 9월 27일에야 송광사에 도착했다. 물론 회암사와 송광사는 멀리 떨어져 있었다. 그렇다 해도 한 달이나 걸릴 정도로 먼 곳은 아니었다. 육로가 아닌 배를 이용했다면 훨씬 빨리 도착했을 것이다. 그런데 왕사로 책봉된 나옹이 송광사까지 그토록 오랜 시일이 걸린 것은 당시 그의 심경이 여러 가지로 복잡했음을 미루어 짐작케 한다. 당장 회암사 일을 정리하지 못한 채 내려가는 것도 그리 개운하지 않았다.

당시 송광사는 보조 국사 지눌이 중창한 이래 줄곧 열다섯 분의 국사가 배출된 불교 성지였고, 도량 규모 또한 고려에서 가장 큰 절로 손꼽혔다. 수많은 스님이 여법하게 수행하며 나옹과 같은 고승의 가르침을 받고자 학수고대하고 있었다. 나옹도 공민왕의 뜻을 잘 알고 있었다.

하지만 계속 회암사에 머물며 지공 스님의 당부대로 그곳에서 법을 펴려는 계획을 세웠던 나옹에겐 두 사찰을 한꺼번에 운영하는 게 버거웠다. 더구나 지공 선사의 사리탑 건립도 마무리 단계에 있었으니 마음 또한 분주해졌다.

이에 나옹은 당시 고달산 탁암에서 수행 중이던 무학에게 의발과 함께 편지를 보내 송광사 주지로 부임할 것을 권했다. 이것은 지난날 나옹이 신광사에 주석할 때 무학에게 법을 전하려다 다른 제자들의 시기를 받아 뜻을 이루지 못한 일과 관련이 깊었다. 이젠 왕사로서 송광사에 주석하게 되었으니 어설픈 제자들의 방해를 받지 않고 무학을 송광사 주지로 추천할 수 있는 힘도 있었다. 그럼에도 무학은 그 제안을 정중히 사양하겠다는 답장을 보내왔다. 나옹은 그런 법제자의 마음을 깊이 헤아릴 수 있었다.

그 뒤 무학은 당장은 아니었지만, 1373년 봄부터 1375년 가을까지 송광사 주지를 역임했다. 무학의 후임으로는 나옹과 동갑이면서 법제자로 삼았던 환암 혼수가 송광사 주지를 맡았다. 환암 혼수는 약 6개월 정도 송광사에 머물다가 사임하고 다시 깊은 산속으로 들어가 수행에 전념했으며 고려 말에는 국사로 책봉되었다.

아무튼 나옹이 왕사로 있던 시기엔 나옹과 그의 법제자들이 모두 송광사 법주나 주지로서 인연을 이어갔다. 그 결과 송광사에서는 지금도 조석예불 때 일반 사찰에서 올리는 '칠정례' 대신 지공·나옹·무학의 삼화상을 추앙하는 '팔정례'를 올리고 있다.

송광사의 종소리가 새벽을 깨우면, 나옹의 하루가 시작되었다. 그는 공민왕이 하사한 금란가사 대신 오대산에서 그랬던 것처럼 누더기 승복을 입고 제자들과 함께 수행했다. 누더기 승복이야말로 그의 본래면목이었다.

"참선은 마음의 근본을 찾는 것이니 번뇌와 망상을 버리고 본래 모습을 찾아야 하느니라."

나옹의 가르침은 명료했다. 그는 원나라에서 배운 임제종 참선법을 고려 불교에 접목시키며 새로운 선풍을 일으켰다.

한 젊은 스님이 질문했다.

"큰스님! 어떻게 하면 깨달음을 얻을 수 있습니까?"

"깨달음은 지금 이 순간에 있는 것이지 멀리 있는 게 아니다. 그대가 묻고 있는 바로 그 마음이 부처의 마음이니라. 이는 송광사에서 정혜결사를 추진하신 보조 국사의 가르침이기도 하다."

나옹은 송광사를 중심으로 불교 개혁을 추진했다. 당시 고려 불교는 귀족들의 후원에 의존하며 세속화의 길을 걷고 있었다. 보조 국사 지눌은 그런 문제를 극복하기 위해 정혜결사 운동을 펼친 것인데, 그의 열반 후 나라 안팎의 사정이 달라지고 세월이 흐르면서 퇴색되었다. 나옹은 지눌의 가르침을 다시 일으켜 세워 불교계를 정화하고 대중화하고자 했다. 하지만 세상사가 모두 뜻대로 되는 건 아니었다.

"부처의 가르침은 권력과 재물을 위한 것이 아니다. 중생 구제가 우리의 본분이다."

그는 제자들에게 엄격한 계율 준수를 요구했고 선과 교를 병행할 것을 강조했다.

나옹이 송광사에 주석할 때 하안거 결제 상당 법어를 마친 뒤였다. 이때는 후학들과 활발한 문답을 나누기도 했다. 그는 언제나 그렇듯 자신만의 생생한 깨달음을 말하는 것이면 몰라도 남의 말이나 옮기는 제자들은 그냥 놓아두지 않았다. 마치 그 자신이 원나라에 유학했을 때 평산 처림이 요구한 문답과 같았다. 평산 처림은 나옹이 지공 선사 회상에 있었다고 하자 대뜸 다그쳤다.

"지공이 쓴다는 천 자루의 칼은 그만두고 자네가 쓰는 칼 한 자루나 가져와 보게."

송광사 하안거 결제 때 한 수좌가 나옹에게 질문했다.

"무엇이 스님의 본분사입니까?"

이때 나옹은 곁에 있던 불자를 높이 드는 것으로 답했다. 그러자 그 수좌가 다시 대꾸했다.

"오랑캐 난리 30년에도 소금과 간장이 모자랐던 적이 없습니다."

이 말은 당나라 때의 선승 남악 회양(南岳懷讓)이 제자인 마조 도일(馬祖道一)에게 했던 말을 그대로 옮긴 것이다. 이에 나옹은 깨달음에 이르지 못한 후학이 중국 선사들의 말을 그대로 흉내 내는 것을 그냥 두지 않았다. 그래서 꾸짖었다.

"쓸데없는 소리 마라."

남의 말을 앵무새처럼 옮기지 말고 자신의 살림살이를 보이라는 뜻이었다. 이것이 나옹이 평산 처림에게서 배운 임제종 선법이었다.

한편 이 무렵 나옹은 새벽과 저녁 예불 의식도 새롭게 정리했다. 그 결과 오늘날처럼 예불을 시작하는 종송에 이어 다게, 헌향진언, 칠정례, 행선축원, 발원문, 신중예경, 각단예경 등의 순서로 이어졌다.

이 의식 순서에서 특별히 주목할 부분은 '행선축원(行禪祝願)'이다. 나옹은 왕사이자 승보도량 송광사 법주로서 예불할 때만큼은 개인이나 가족의 행복과 안녕을 뛰어넘어 나라와 백성 모두의 평안과 안녕을 기원하는 의식을 행하는 게 바람직한 것으로 보았다. 그리하여 며칠 동안 문구를 다듬어 행선축원문을 완성했다.

　행선축원문은 칠정례(팔정례)와 발원문 사이에 그 의식을 행하게 되었다. 이때 세워진 전통은 오늘날 전국의 거의 모든 사찰에서 이어지고 있으며 행선축원문 역시 나옹이 지은 글을 낭송하고 있다. 나옹의 사상과 가르침이 오늘날까지 얼마나 큰 영향을 끼치고 있는지를 보여 주는 사례이다.

　나라와 백성의 평안을 기원하고 구도와 중생 교화를 위해 끝없이 정진할 것을 다짐하는 행선축원문은 이렇다.

　　　부처님께 조석으로 향과 등불 불전에 올리옵고
　　　삼보 전에 귀의하여 부처님께 예배하옵나니
　　　국계(國界)는 안녕하고 전쟁은 소멸하며
　　　천하가 태평하여 법륜 굴러가게 하소서.
　　　원컨대 저희로 하여금 세세생생 나는 곳마다
　　　언제나 반야의 큰 지혜에서 물러나지 않게 하사
　　　석가모니 부처님의 용맹한 지혜를 얻게 하오며
　　　노사나불의 큰 깨달음 얻게 하여지이다.
　　　문수보살과 같은 큰 지혜
　　　보현보살과 같은 광대한 행원
　　　지장보살님과 같은 가없는 몸
　　　관세음보살과 같은 32가지 응신을
　　　시방세계 어디든지 마음대로 나투시어
　　　널리 중생들을 무위도에 들어가게 하사

나의 이름 듣는 이는 삼악도의 괴로움 여의고

나의 형상 보는 이는 해탈을 얻게 하소서.

이와 같이 무량겁토록 교화하게 하사

필경 부처도 중생도 없는 세계 이뤄지이다.

산문은 고요하여 슬픈 근심 끊어지고

도량 안의 모든 재앙 영원히 소멸되며

토지신과 천룡은 삼보를 보호하시고

산신과 국사는 정상을 도우소서.

꿈틀거리는 미물까지도 피안에 오르게 하시고

세세생생에 항상 보살도를 행하여

구경에는 일체 종지 이루어지고

큰 지혜 완성하여지이다.

나무석가모니불

나무석가모니불

나무시아본사석가모니불

– 나옹 선사 '행선축원문' 전문

어느 날 저녁, 나옹이 혼자 법당에서 참선하고 있을 때였다. 한 제자가 다가와 물었다.

"큰스님께선 왜 궁궐에서 가까운 회암사를 떠나 이 머나먼 송광사에 머무르십니까? 왕사는 임금님과 가까운 곳에 계셔야 하는 게 아닌지요?"

나옹이 잠시 생각한 뒤 답했다.

"왕사라 해서 임금 곁을 지켜야 하는 것은 아니다. 올바른 가르침으로 나라를 바로 세우는 게 왕사의 임무라고 볼 수 있느니라. 여기 송광사는 그동안 열다섯 분의 국사가 배출된 승보도량이니 이곳에서 양성한 제자들이 세상으로 나가 부처님 가르침을 펼칠 때, 비로소 나라가 바로 서지 않겠느냐? 후학을 길러내는 것도 왕사의 임무 중 하나이기도 하다."

송광사에서 펼친 나옹의 가르침은 점차 전국으로 퍼져 나갔다.

"스님의 가르침이 온 나라에 퍼지고 있습니다."

한 제자의 말에 나옹이 고개를 끄덕였다.

"그것도 왕사의 역할이지. 한 사람을 깨닫게 하면 만 사람을 제도할 수 있고 만 사람을 제도하면 나라를 일으키는 것이니…"

4 장

사랑도 벗어 놓고 미움도 벗어 놓고

회암사 중창

송광사에 머물며 법을 펼치던 나옹에게 1372년(공민왕 21) 8월, 회암사에서 수행하던 제자가 편지를 보냈다. 요지는 지공 선사 부도탑 건립 준비가 마무리 난셰이니 9월 중에 꼭 올라와 주셔야 한다는 내용이었다.

나옹은 이 소식을 반가워하며 회암사로 향했다. 그리고 9월 26일, 회암사 북쪽 산봉우리 아래에 지공 선사의 부도탑을 세워 모셨다. 이때 그는 스승의 가르침과 사상에 대해 게송을 지어 올렸다.

서천 108대 지공 대화상은
삼천(三千)의 위의를 돌아보지 않았는데
팔만의 미세한 행이 무슨 힘이 있겠는가.
몸에는 언제나 혼금(渾金)을 입고

입으로는 불조를 몹시 꾸짖었네.

평생에 그 기운은 사방을 눌렀고

송골매는 부리를 꽂기 어려웠네.

　이 행사를 마친 나옹은 회암사에서 몇 달 머물다가 1373년 1월부터 서운산, 길상산 등을 돌아보고 같은 해 8월에 다시 송광사에 도착했다. 하지만 한 달도 지나지 않아 공민왕이 내시 이사위를 급히 보냈다. 이사위는 나옹이 처음 송광사로 부임할 때 호위한 적이 있는 내관이라 낯이 익었다.

　"내관이 여긴 웬일로 왔는가?"

　"전하께서 큰스님을 급히 찾으셔서 내려왔습니다."

　"무슨 일인가?"

　"나라의 재앙을 없애는 소재법회를 회암사에서 열 예정인데 그 법회를 큰스님께서 주관해 달라고 하십니다."

　"허허! 내가 두 절을 오가느라 바쁘군."

　이렇게 되어 나옹은 송광사에 머문 지 얼마 안 되어 다시 회암사로 올라가 소재법회를 주관했다. 물론 그 자리에는 공민왕도 참석해 법문을 들었다.

　소재법회를 마친 뒤에도 나옹은 회암사에 계속 머물렀다. 회암사 대중과 신도들이 나옹에게 계속 가르침을 펴달라고 요청했기 때문이다. 회암사와 송광사가 멀리 떨어져 있었기에 나옹도 당분간 그곳에 머물며 그들의 청을 들어주어야 할 상황이기도 했다. 그런 가운데 무학에게 송광사 주지를 맡아 달라고 다시 부탁했다. 이때 무학은 더는 사양하지 못했다. 나옹은 임금께 무학을 송광사 주지로 추천했고, 공민왕은 이를 윤허했다. 이로써 나옹은 송광사 법주라는 짐을 덜고 회암사에 다시 머물게 되었다.

이듬해인 1374년 봄이 되었을 때 공민왕은 신하인 윤동명을 회암사로 보냈다. 윤동명은 왕사인 나옹에게 큰절을 올린 후 공민왕의 부탁을 전했다.

"전하께선 큰스님이 회암사에 계속 머물러 주시길 원하고 계십니다."

공민왕이 나옹을 회암사 주지로 다시 임명한다는 말에 나옹도 윤동명에게 말했나.

"이 절은 내가 젊어서 참선 수행을 하여 깨달음을 얻은 곳이네. 또한 나의 스승이신 지공 스님이 머물렀으며 얼마 전에 그 스님의 사리탑을 세워 모신 곳이지. 내가 원나라에서 공부하고 고려로 귀국할 때 지공 스님은 이 도량에 머물며 불법을 펴면 고려가 크게 융성해질 것이라 했으니 그 말씀을 어찌 가볍게 여기겠나?"

그때 윤동명이 대답했다.

"저는 그런 것까지는 잘 몰랐습니다."

"전하께서 이곳에 계속 머물라고 하셨다니 기왕이면 지공 스승께서 발원하셨던 회암사 중창 불사를 내 손으로 회향할까 하네. 이런 뜻을 전하께 말씀드려 주길 바라네.”

궁궐로 돌아간 윤동명은 나옹의 말을 임금에게 자세히 전했다. 그 뒤로 회암사 중창 불사는 공민왕의 적극적인 후원에 따라 수월하게 진행시킬 수 있었다. 하지만 공민왕의 후원은 그해 가을이던 1374년 9월로 끝이었다. 9월 23일, 공민왕이 갑작스레 세상을 떠났기 때문이다.

그가 죽던 날 궁궐에는 을씨년스러운 기운이 감돌고 있었다. 공민왕은 오래전부터 깊은 우울증에 빠져 있었다. 지극히 사랑하던 왕비 노국대장공주가 세상을 떠난 지 벌써 4년이 지났지만, 그의 마음속 상처는 여전히 아물지 않고 있었다. 그나마 국사 보우와 왕사 나옹에게 의지해 마음의 안정을 찾으려 했으나, 공허한 마음은 깊어지기만 했다. 반역을 꾀했다는 이유로 신돈을 처형했는데도 마음은 오히려 불안하기만 했다.

당시 그의 마음을 달래줄 수 있는 건 술뿐이었다. 그는 매일 밤 폭음을 했다. 그래야 잠깐이나마 잠들 수 있었기 때문이다. 그가 술에 취해 잠드는 것은 그의 목숨을 노리는 자들에겐 더할 수 없는 기회가 되었다. 그들은 얼마든지 임금을 죽일 수 있는 데다 그 죽음의 원인조차 조작할 수 있었다.

공민왕을 시해한 범인들은 홍륜, 한안 등 자제위에 속한 젊은 신하들이었다. 자제위는 신돈이 실각한 뒤 신변의 위협을 느낀 공민왕이 설치한 기구로, 말 그대로 왕실과 밀접한 관계를 가진 가문의 자제들로 구성되었다. 자제위는 왕권 강화와

외교 및 문화 정책을 세우고 이를 수행하려는 목적으로 설치되었다. 당연히 공민왕은 자제위 구성원들을 가까이했다. 그러다 보니 그들을 편애하거나 심지어 동성애를 즐긴다는 소문까지 퍼질 정도였다.

사건의 발단은 그 무렵, 공민왕의 셋째 후궁인 익비가 아들을 출산하면서였다. 환관 최만생은 우연히 그 신생아가 공민왕이 아니라 자제위에 소속된 홍륜의 아들이라는 소리를 듣고 이를 확인하려고 했다.

"전하, 신이 듣기로는, 익비께서 출산하신 왕자님이 홍륜의 자식이라는 말이 있는데, 설마 사실은 아니겠죠?"

공민왕은 펄쩍 뛰었다.

"어떤 지들이 그런 유언비이를 피뜨린던 말이냐? 내가 모조리 찾아내 관련자들을 능지처참할 것이다. 그대 또한 입을 함부로 놀렸다간 무사하지 못할 것이다."

이때의 공민왕은 눈앞에 있는 최만생마저 죽일 것이라는 말은 하지 말았어야 했다. 그랬더라면 시해사건이 일어나지 않았거나 일어났더라도 최만생이 자제위 편에 서서 범행에 가담하지는 않았을지 모른다. 공민왕은 익비가 낳은 왕자에 대한 출생의 비밀을 지키려고 그 일에 관련된 자들을 모조리 죽이려고 했다. 최만생도 그런 비밀을 알게 된 이상 살려둘 수 없는 노릇이었다.

위기를 느낀 최만생이 자제위의 홍륜, 한안 등을 불러 말했다.

"임금께서 익비가 낳은 왕자를 빌미로 여러분들의 목을 날릴 듯합니다. 물론 내 목숨도 경각에 달렸고요."

홍륜 등은 크게 놀랐지만, 곧 목소리를 낮춰 대구했다.

"그까짓 술주정뱅이를 우리가 당해내지 못하겠소? 최 환관도 줄을 제대로 서야 할 것이오."

결국 최만생과 홍륜 등은 서로 작당해 술에 취해 쓰러진 공민왕을 쉽게 제거할 수 있었다. 고려를 반원 자주 국가로 만들려고 애썼던 공민왕은 이처럼 허무하고 비극적으로 생애를 마감했다.

공민왕이 훙서(薨逝)했다는 소식이 회암사에 전해졌다. 나옹은 궁궐에 마련된 빈소로 달려가 고인의 극락왕생을 지극히 빌어 주었다. 그와 함께 서식을 갖춰 왕사의 도장을 조정에 반납했다.

공민왕에 이어 왕위를 계승한 사람은 열 살의 우왕이었다. 우왕은 나옹을 다시 왕사로 임명했다. 그런데 공민왕 이후 고려의 실권은 이인임이 쥐게 되었으며 신흥사대부들이 국정을 좌우하기 시작했다. 공민왕이 다져놓았던 왕권은 순식간에 사라지고 신권(臣權)이 고개를 쳐들었다. 내우외환에 빠진 고려의 앞날은 풍전등화처럼 위태로웠다.

그런 가운데서도 새 권력자들은 공민왕이 믿고 의지하던 나옹을 돕지 않을 수 없었다. 덕분에 회암사 중창 불사는 계속 이어져 공민왕 서거 후 2년이 지난 1376년 봄에 일단 마무리되었다. 본래 계획했던 공사 중 절반을 이룬 나옹은 그해 4월 15일에 중창 불사 낙성식을 열기로 했다. 나머지 중창은 나옹이 가장 듬직하게 여기고 있던 무학에게 맡길 생각이었다.

나옹은 무학에게 편지를 보내 회암사로 오게 했다. 이에 무학은 머뭇거리지 않고 회암사로 달려왔다.

"큰스님, 그동안 회암사 중창하시느라 애쓰셨습니다."

나옹이 답했다.

"자네가 보다시피 중창은 절반밖에 이루지 못했네. 나머지는 자네가 맡아 완성하길 바라네. 지공 스님과 내가 터전을 마련했으니, 자네는 중창을 완성해 여기서 법을 펴는 게 좋지 않겠나? 앞으로 자네가 이 절의 수좌를 맡아 주면 좋겠네."

이 무렵의 수좌는 선방의 모든 스님을 지도하며, 수행에 필요한 선원의 모든 일을 책임지고 주관하는 자리였다. 한마디로 선방의 최고 책임자였다. 이때 무학은 송광사 주지를 사양할 때처럼 이 수좌의 지위를 사양했다.

"스님, 제가 아직도 부족한 게 많습니다. 며칠 별실에서 머물다 금강산으로 떠날까 하오니 허락해 주십시오."

"허허! 그 사람 고집하고는…. 이 회암사야말로 지공 큰스님과 나, 그리고 자네를 이어 주는 인연의 터전이란 걸 모른단 말인가?"

"잘 알고 있습니다. 하지만 지금은 때가 아닌 듯합니다. 지난번 금강산에서 말씀드렸듯이 저도 스님의 성품대로 청산에 묻혀 백운이나 바라보는 게 체질인 듯합니다."

이 바람에 나옹은 무학을 가까이 두고 의지하려던 마음을 접어야 했다. 무학이 수행에 전념하려는 마음을 얼마든지 이해할 수 있었기 때문이다.

어떻게 보면 나옹이 회암사를 중창한 것은 침체된 고려 불교를 다시 일으키려던 국가적인 사업이었다. 그래서 공민왕뿐 아니라 우왕도 이 불사를 뒷받침해 주었다. 본래 지공 선사는 인도 나란타사에서 공부할 때의 느낌과 감회를 회암사에서 고스란히 느꼈다. 그렇기에 고려에 머무는 동안 회암사 중창에 관심을 가졌다. 기록에는 "지공이 회암사를 방문해 산수의 지형을 재어 보니 나란타사와 같음을 확인하였다."라고 했다. 다만 그가 고려에 머문 기간이 짧다 보니 그 불사는 일부 전각을 다시 세우는 정도에 지나지 않았다.

나옹도 그런 상황을 잘 알고 있었기에 스승의 뜻을 받들어 2년 동안 중창 불사를 추진했던 것이다. 하지만 전폭적인 지원을 해 주던 공민왕의 훙서 후 상황이 급변했고 어린 임금에게 지속적인 후원을 바라는 건 욕심이었다. 그래서 본래 계획을 절반 축소해서 중창을 마무리하게 되었다.

나옹이 계획의 절반 정도 완성했음에도 회암사는 당시 전국 최대 규모의 사찰로 손꼽히게 되었다. 262칸에 달하는 대가람이 조성되었으며 스님 3,000여 명이 한꺼번에 머물 수 있는 규모였다. 극락전, 응진전, 나한전, 팔상전 등 새로운 전각들이

차례로 세워져 회암사는 그 자체로 하나의 읍성처럼 인식될
정도였다.

나옹은 대웅전 앞마당에 서서 자신이 중창한 당우들을 둘
러보았다. 낡고 기울어진 전각들이 모두 새롭게 단장되었고 법
당마다 모셔진 불상들은 금빛으로 번쩍였다. 스님들의 염불
소리가 천보산에 울려 퍼지며 마치 이 땅에 극락정토가 구현
된 듯했다.

"큰스님, 불사가 잘 회향되었습니다."

각운과 지선 등의 제자들이 옆에서 말했다. 나옹은 고개를
끄덕이며 자비로운 미소로 답했다.

공사에 참여한 장인들도 감탄을 금치 못했다.

"완전히 마무리되진 않았지만, 우선 지어놓고 보니 이렇게
장대한 도량은 처음 봅니다. 멀리 남쪽의 송광사가 동방제일도
량이라고 하던데 장차 회암사도 그에 못지않은 규모가 될 듯합
니다."

1376년 4월 초파일행사를 성황리에 마친 뒤 회암사는 그해
하안거 입제일인 4월 15일에 다시 큰 행사를 앞두고 분주했다.

이날 행사는 낙성 기념 문수회와 하안거 결제 법회 등 두
가지로 계획되었다. 따라서 아침부터 저녁까지 회암사로 모여
드는 수행승과 불자들로 인산인해를 이뤘다. 평안도 묘향산에
서부터 금강산, 오대산, 조계산, 두륜산, 가야산, 영축산, 속
리산 등에서 수행하던 선승들이 모두 회암사로 모여들었다.

조정에서는 우왕을 비롯한 대신들이 모두 참석했고 일반 불자들은 양주 지역 전체를 가득 메울 정도로 모였다. 그 넓은 회암사 경내가 발 디딜 틈이 없을 정도였다.

두 가지 행사 중 낙성 기념 문수회는 지혜를 상징하는 문수보살을 신앙의 대상으로 하는 법회였다. 한반도에서는 신라 때 자장 율사가 오대산을 문수보살처로 삼은 뒤 문수 신앙이 시작된 것으로 보고 있다. 불자들은 문수보살의 명호를 들으면 네 가지 무거운 죄인 살생죄, 투도죄, 사음죄, 망어죄가 없어질 것으로 믿었다. 이런 뜻에서 회암사에서도 낙성 기념 문수회를 열었다. 이 문수회는 공민왕 때 화엄종의 신돈이 처음 열었던 것인데 나옹도 여러 제자들의 건의에 따라 낙성을 기념해 문수회를 열었다.

"세상에 이렇게 많은 사람을 구경하는 건 난생 처음이오."

불자들이 저마다 포백이나 과일 등을 가득 걸머지고 회암사 산문을 들어서며 말했다.

"나도 수십 년 전 지공 선사가 오셨을 때 길이 메워지는 걸 보았지만, 지금은 그보다 열 배는 더 많은 것 같소. 보시오, 발 디딜 틈이 없어요. 이래서 절 문 안으로 들어갈 수 있겠어요?"

경향 각지에서 남녀노소, 신분을 가릴 것 없이 사람들이 모여들자, 사헌부에서는 관리들을 내보내 길을 막았다.

"인파가 너무 많아 복잡하니 부녀자들은 그만 돌아가시오."

하지만 관리들이 아무리 외쳐도 군중의 힘을 당해낼 수가 없었다.

"난 오늘 법회를 보려고 이레 전부터 충주에서 걸어왔어요. 그런데 아녀자라 하여 문 앞에서 길을 막으면 어쩌란 말이오?"

이런 지경이라 사헌부에서는 아녀자 통행금지를 취소해야만 했다.

마침내 법회가 시작되었다. 나옹이 대중들에게 말했다.

"오늘 이 자리는 천축국에서 오신 지공 스님의 원력이 완성된 날입니다. 큰스님께서는 '동방에 정법을 일으키리라'는 발원을 하시고 이 도량을 중창하는 기초를 놓으셨습니다. 소승은 큰스님의 가르침과 당부를 받들어 오늘 이 자리에 이르게 된 것입니다…"

청중은 숨소리도 내지 않고 경청했다. 어떤 이는 눈물을 흘렸고 어떤 이는 깊은 감동에 잠겼다.

이 낙성 기념 문수회는 기울어진 나라를 바로 세우고 불교계를 쇄신하려는 목적으로 열렸다. 그런데 지난날 신돈이 열었던 문수회 때는 지나치게 많은 비용이 들어갔다. 따라서 조정에서는 신돈 때처럼 나옹의 문수회에도 많은 비용이 들어갔을 것으로 의심했다. 하지만 그건 사실이 아니었다.

회암사 중창 불사 기념 문수회가 모두 끝나자, 전국에서 모여든 불자들의 찬탄은 끝이 없었다. 지공 화상이 지형을 측량하고 몇몇 건물을 지은 데 이어 나옹 선사가 이룩한 수많은 당우를 보며 두 성인의 위대한 원력에 감탄했다.

"지공 큰스님이 씨앗을 뿌리시고 나옹 선사님이 큰 나무로 키우셨구나."

"두 분의 원력이 합쳐져서 이런 기적이 일어난 게야."

"지공 스님도 생불이시고 그분의 제자이신 나옹 스님도 생불이고 활불이시네."

그들은 고향으로 돌아가면서도 천보산 자락에 자리 잡은 거대한 가람을 자꾸 돌아보았다. 회암사는 저녁노을에 황금빛으로 물들어 있었다.

한편 회암사 낙성 기념 문수회가 끝난 뒤에는 선방에서 하안거 정진할 사부대중이 따로 모여 하안거 결제 법회가 열렸다. 이 하안거에 동참하기 위해 전국 각지의 선종 사찰에서 수많은 수좌가 회암사에 방부를 들었다.

하안거 역시 나옹의 결제 법문으로 시작되었다.

나옹은 향 하나를 들고 결제 법문을 시작했다.

"이 향은 오래전에 얻은 것으로 한 번도 사른 적이 없습니다. 전에 지공 큰스님께서 보암 장로를 통해 내게 선법을 맡기는 뜻으로 가사를 전해 주셨으니, 이 향을 향로에 살라서 앞을 못 보는 이에게는 보게 하고, 듣지 못한 이에게는 듣게 하여 머리 숙여 천축국에서 오신 백여덟 번째 조사이신 지공 큰스님께 진리의 젖을 먹여 주신 그 은혜를 갚고자 합니다."

잠시 후 나옹은 향로에 향을 꽂고는 법좌에 올라 말했다.

"오늘은 하늘 아래 있는 모든 총림이 결제를 하는 날입니다. 비구 나옹은 이름도 자도 생김새도 없고 헤맴도 깨침도 없으며 닦을 것도, 얻을 것도 없으면서 해같이 밝고 옻칠같이 깜깜한 이 물건을 여러분 얼굴 앞에 확 흩뿌리겠습니다. 북 치는 스님, 울력을 알리는 북을 크게 울리십시오! 여러분, 알겠습니까? 그래도 모르겠다면 다시 한말씀을 더 드러내겠습니다."

나옹은 주장자를 들어 "이것이 보입니까?" 하고 법상을 한 번 내리친 뒤 말을 이었다.

"이 소리를 듣습니까? 보고 들었다면 그것은 무엇입니까? 여기서 바로 의심이 없게 되었다면 여러분이 스님이거나 마을 사람이거나 남자거나 여자거나 산 사람이거나 죽은 사람이거나, 사다리를 거칠 것도 없이 훌쩍 저쪽으로 건너갈 것입니다.

그런데 무슨 긴 기간, 짧은 기간의 결제며 해제가 있겠습니까? 하지만 그렇지 못하다면 석 달 아흐렛날 안거하는 동안에 주장자 대가리를 꿰매고 포대 아가리를 묶어두고, 서까래 세 개 밑, 한 발 남짓한 자리의 단판 앞에 우뚝 앉아 온갖 얽매임을 벗어나고 가시 돋친 밤송이를 꿀꺽 삼켜서 꿈속의 불사를 짓고 거울 속의 마군을 쳐부수어 삼업은 맑고 육근은 깨끗하여 가고 머무르고 앉고 누움에 아무런 허물이 없다면, 그래서 조사의 자리를 이어받아 부처님 가르침을 길이 끊어지게 하지 않는다면 이 어찌 참으로 모든 것을 벗어난 큰 사나이가 아니겠습니까…?

이것은 닦고 깨닫는 데 들어갑니까, 아니면 닦고 깨닫는 데 들어가지 않습니까? 눈이 있는 수행자라면 스스로 볼 일입니다.”

이렇게 법문을 마친 나옹은 법상에서 내려왔다.

그의 얼굴에는 깊은 만족감과 함께 어딘가 모를 그리움 같은 것이 스쳐 지나갔다.

‘모두 부처님 가피와 시주들의 정성, 그리고 대중들의 원력이 모여 이루어 낸 일이야.’

나옹은 평소에 선과 교를 통합하는 일뿐만 아니라 정토 사상에도 깊은 관심을 가지고 있었다. 정토 사상은 부처나 보살이 사는 청정한 불국토(정토)에 왕생하여 깨달음을 얻는 것을 목표로 하는 대승불교 사상 중 하나이다. 그는 정토 사상을 담은 가사를 여러 편 지었다. 회암사 중창 불사를 회향할 무렵에도 마찬가지였다. 그가 쓴 ‘시이상서(示李尙書)’에는 당시의 상황과 정토 사상이 담겨 있다.

사원을 중수하고 손님을 접대하니
남북의 선남자들이 가다가 다시 오네.
또 서쪽을 향하여 부지런히 염불하면
연화대의 상품이 저절로 열리리.

　이 시뿐만 아니라 '서왕가'에도 나옹의 정토 사상이 잘 담겨 있다.

　　화장 바다 건너 극락세계 들어가니
　　칠보 금지에 칠보망을 둘렀고
　　구경하기 더욱 좋네.
　　구품연대에 염불 소리 자자하고
　　청학 백학과 앵무 공작과
　　금봉 청봉 하나니 염불일세.
　　청풍이 건듯 부니
　　염불 소리 요요하네.
　　어와 슬프다, 우리도 인간에
　　나왔다가 염불 말고 어이할꼬
　　나무아미타불.

　모든 행사가 끝나고 축하객들도 떠나 경내가 조용해졌다. 나옹은 몇 해 전에 세운 지공의 사리탑 앞에 홀로 합장한 채 말했다.
　"스승님의 가르침을 이제야 절반을 이뤘습니다. 이 회암사가 천년만년 동방의 법등이 되어 무량한 중생을 제도하기를…."

밀양 영원사 가는 길

회암사 중창 불사는 표면적으로는 대성공이었지만 그 이면에는 보이지 않는 갈등과 시기가 있었다. 특히 실권을 쥐고 있던 신흥사대부들은 나옹이 백성들로부터 받는 존경과 그 영향력에 신경을 곤두세웠다.

서울과 지방 할 것 없이 사부대중이 구름처럼 모이고 바퀴살처럼 찾아와 그 수를 헤아릴 수 없게 되자 그들은 나옹에 대한 두려움까지 느꼈다. 유학을 공부하고 벼슬길에 들어선 그들은 승가의 폐단을 직간접적으로 경험한 바 있었다. 그렇기에 불교를 부정적으로 보았고, 대신 성리학을 가까이하려고 했다. 그것이 고려 말 조선 초의 시대적인 흐름이었다. 더구나 그들은 얼마 전 신돈이 실권을 잡았을 때 거침없이 휘둘렀던 개혁의 칼날을 아직도 경계하고 있었다.

신돈과 나옹은 그 결이 근본적으로 달랐다. 신돈에게는 개혁가이자 정치가로서의 재능이 있었다. 하지만 나옹은 처음부터 사람의 나고 죽음에 의문을 품고 출가한 수행자였다. 그리고 피나는 수행을 통해 그 해답을 얻고 고려 백성을 부처님 가르침으로 제도하려는 스승이 되었다. 그럼에도 열 살짜리 왕을 움직여 권력을 휘두르려던 조정 대신들에게 나옹은 신돈과 다를 바 없는 눈엣가시와 같은 존재로 보일 뿐이었다.

작당을 한 대신들이 어느 날 우왕에게 고했다.

"전하, 회암사는 개경과 아주 가까워서 사부대중이 밤낮으로 오가니 계속 그러다간 백성들이 먹고사는 일조차 거들떠보지 않게 될 게 분명합니다."

어리고 유약한 임금이 되물었다.

"그럼 어떻게 하라는 말인가요?"

"우매한 백성들이 추앙하고 있는 나옹 선사를 멀리 밀양 영원사로 가라고 하십시오."

"그럼 그렇게 하라고 하세요. 나는 여러 대신들의 의견을 따를 뿐입니다."

만약 공민왕이 살아 있었더라면 상상할 수도 없는 일이 일어난 것이다.

이튿날 아침이었다. 지선이 급히 달려와 고했다. 그 무렵 나옹은 몇 해 동안 회암사 중창 불사를 지휘하고 계속 이어지는 법회로 무리한 탓에 건강이 안 좋은 상태였다.

“큰스님, 개경에서 사신이 왔습니다.”

나옹은 그 말을 듣자 안 좋은 일이 생겼다는 걸 직감했다.

궁궐에서 나온 신하가 고압적으로 말했다.

“나옹 스님은 어명을 받드시오. 전하께서 밀양 영원사로 가라는 명을 내리셨으니 지금 곧 떠날 준비를 하시오.”

“밀양 영원사라니, 갑자기….”

지금은 이름만 남아 있는 영원사는 통일신라 때 창건된 고찰로 고려 때만 해도 국사나 왕사를 지냈던 명망 높은 스님들이 주석하던 절이었다. 하지만 양주에서 영원사는 매우 먼 거리여서 영원사로 간다는 건 유배와 다름없었다.

“내가 며칠 전부터 몸이 아프니 말미를 좀 주게. 어명을 반드시 받들 것이니 염려하지 말고….”

“그건 알 바 아니니 당장 이 절을 떠나시오.”

옆에 있던 각운과 지선을 비롯한 제자들이 그 관리에게 따졌다.

“나옹 큰스님은 이 나라의 왕사이신데 이처럼 다그치다니 너무 심한 것 아닙니까?”

“심하다니 무슨 말이오? 감히 어명을 어기겠단 소리요?”

관리들이 오히려 따지고 들자, 이번에는 나옹이 손을 저으며 대꾸했다.

“아닐세. 어명을 받들어 내가 떠날 것이니 목소리를 낮추게.”

이 말에 제자들은 울먹이며 가마를 대령하게 했다. 나옹이 가마에 오르자, 그가 평소 메고 다니던 걸망은 제자들이 챙겨 따라나섰다. 나옹이 탄 가마가 회암사 열반문에 이르자 벌써 소문을 듣고 모여든 대중들이 목 놓아 울며 길을 막아섰다.

"큰스님, 나옹 큰스님! 저희를 놓아두고 갑자기 어디로 가신 단 말입니까?"

이렇게 되자 이번엔 나옹이 그들을 말렸다.

"어명이니 막으면 안 되오. 부디 여러분은 힘쓰고 또 힘쓰십 시오. 나 때문에 하던 공부를 그만두어선 안 됩니다. 아마 내 걸음은 여흥(여주) 땅에서 그칠 것이오."

나옹을 태운 가마는 서서히 한강 쪽으로 움직이기 시작했 다. 가마꾼 네 명과 관리들, 열 명이 넘는 제자들이 그 행렬을 이루고 있었다.

아침저녁으로 찬 공기가 뼈를 시리게 했다.

나옹 일행은 수락산, 불암산, 배봉산 기슭을 지나 5월 2일 이 되었을 때 한강 변에 이르게 되었다. 이때 나옹이 감시차 따라온 관리 탁첨에게 말했다.

"내가 몹시 아프니 배를 타고 가세나."

결국 나옹 일행이 여주에 이를 때까지는 모두 이레가 걸렸 다. 나옹은 여주 신륵사에서 병을 치료하며 며칠 쉬었다 가겠 노라 말했다.

"내 몸이 갈수록 아프니 이대로는 갈 수가 없겠네. 며칠 신록사에서 쉬었다 갈 것이니 임금님께 알리게."

이때 여흥 군수 황희직과 도안감무 윤인수가 다그쳤다.

"그건 곤란한 말씀입니다. 어서 여흥을 지나가십시오."

탁첨 등 관리들은 나옹이 잠시라도 지체하는 것을 두려워했다. 그럼에도 자신의 생명이 머지않아 마감될 것을 직감한 나옹은 다시 부탁했다.

"나는 어차피 영원사에 도착할 만큼 오래 살 운명이 아닐세. 억지로 영원사까지 가다가 죽는 것보다 신륵사에서 잠시 쉬었다가 가는 것이 자네들도 편하지 않겠나?"

이때 관리들 중 몇이 급히 개경으로 가 우왕에게 나옹의 뜻을 전했다. 우왕의 허락을 받고서야 나옹 일행은 신륵사로 향했다.

신라 진평왕 때 원효 대사가 창건한 것으로 알려진 신륵사는 한때 200여 칸에 이르는 대사찰이었다. 많은 사찰이 산속에 자리 잡은 데 비해 신륵사는 남한강 변에 자리 잡고 있어 배를 타고 가던 나옹이 쉽게 들를 수 있었다.

"나무아미타불. 나무관세음보살."

신륵사 대웅전 앞에 도착한 나옹이 조용히 염불을 했다. 그의 얼굴엔 분노나 원망의 기색이 전혀 없었다. 오히려 그 상황을 담담하게 받아들이는 모습이었다.

"큰스님, 하루빨리 쾌차하셔야 합니다."

곁을 지키던 제자들이 안타까워하며 말했다.

나옹 일행이 도착하자 신륵사 주지가 깜짝 놀라며 뛰어나왔다.

"큰스님을 어서 방으로 모십시다."

주지는 서둘러 가장 넓고 깨끗한 방을 나옹 일행에게 내 주었다.

"큰스님이 며칠 전부터 열이 심하고 몹시 편찮으시니 마땅한 약을 처방해 달여 드려야겠습니다."

시자 지선이 신륵사 주지에게 말했다.

"그렇군요. 마침 근처에 용한 의원이 있으니 처방을 받아 오겠습니다."

하지만 나옹은 의원이 처방해 준 탕약을 먹고도 병세가 호전되지 않았다. 그가 겨우 눈을 뜬 것은 몸져누운 지 시흘이 지나서였다. 이때 그의 눈빛은 예전과 달라서 어딘가 저 먼 곳을 바라보는 듯한, 이 세상과 이별을 준비하는 듯했다.

"내가 아직도 신륵사에 있는가?"

"그렇습니다, 큰스님."

제자들의 답변을 듣고 난 그가 미소를 지었다. 그때 탁첨이 안절부절못하며 말했다.

"스님, 몸이 좀 나으시면 영원사로 계속 가셔야 합니다."

하지만 나옹은 힘없이 고개를 저었다.

"나도 어명을 받들고 싶지만 이미 갈 곳에 다 온 듯하네."

관리들은 그 말을 듣자 당황했다. 나옹 선사를 영원사까지

호송하지 못하고 도중에 머물게 한다면 자신들이 책임을 져야 하는 게 두려웠기 때문이다. 그럼에도 나옹의 상태로는 더 이상 먼 길을 갈 수 없어 보였다.

사랑도 벗어놓고 미움도 벗어놓고

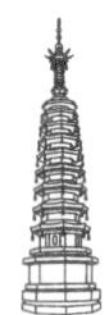

　제자들은 스승이 하신 '내가 갈 곳에 다 왔다'는 말씀의 의미를 짐작하고 있었다. 그것은 신륵사에서 열반에 들겠다는 뜻이었다. 나옹 선사는 출가 전부터 품있던 의문을 이미 해결한 상태였다. 그는 사람은 왜 죽는 것이며 죽음 이후의 세계는 어떤 것인가에 대해 지속적인 의문을 품고 있었다. 그 뒤 출가해 깨달음을 얻고 자신의 의문에 대한 해답을 분명히 알았다. 그 경지를 스승 지공과 평산으로부터 인가받은 뒤로는 모든 것이 마음에 달린 일임을 확신하게 되었다.

　인간뿐만 아니라 이 세상 만물은 모두 생로병사라는 과정을 거치게 된다. 따라서 늙고 병들어 죽는 일에 두려움을 느낄 필요는 없었다. 죽음을 인간이 거쳐야 할 자연스러운 과정으로 인식하면 될 일이었다.

　이때 제자 각운이 여쭸다.

"스님, 바로 지금 이때가 어떻습니까?"

나옹은 주먹을 세우는 것으로 답했다.

각운이 다시 여쭀다.

"스님의 몸과 마음이 다 흩어지면 어디로 가시렵니까?"

나옹은 주먹을 맞대어 가슴에 대고 말했다. 죽음이라는 게 특별할 것 없다는 뜻이었다.

"오직 이 속에 있지."

"그 속에 있을 때는 어떻습니까?"

"별로 뛰어날 게 없어."

"어떤 게 뛰어날 게 없는 진리입니까?"

나옹은 각운을 보면서 답했다.

"내가 너를 볼 때 무슨 뛰어난 일이 있느냐?"

"…."

한편 나옹이 신륵사에서 병석에 누웠다는 소식이 알려지자, 멀고 가까운 곳에서 많은 사람이 찾아왔다. 그들은 모두 나옹 선사의 마지막 가르침을 듣고 싶어 했다. 한 젊은 스님이 질문했다.

"큰스님, 삶과 죽음이 무엇입니까?"

나옹은 문 밖으로 시선을 던진 채 천천히 대답했다. 도량 밖 아래쪽으로 남한강이 유유히 흐르고 있었다.

"저 강물을 보아라. 끊임없이 흘러가지만 강은 그대로 있지 않느냐. 물방울 하나하나는 사라지겠지만 강물은 영원한 법이

지. 삶과 죽음도 그와 같아서 개별적인 존재는 생멸하지만, 불성은 영원하니라.”

“그렇다면 두려워할 것이 없습니까?”

“두려움 또한 무명에서 나오는 게 아니겠느냐? 진리를 깨달으면 두려움은 저절로 사라지겠지. 마치 어둠 속에서 밧줄을 뱀으로 착각하여 두려워하다가 등불을 켜보면 그냥 밧줄임을 아는 것과 같은 이치다.”

나옹의 법문은 깊이가 있으면서도 쉬웠다. 어려운 불교 교리를 일상적인 비유로 설명해 누구나 이해할 수 있게 했다. 신라 때의 원효 대사가 그랬던 것처럼 나옹은 민중 친화적인 스승이었다. 그럼에도 제자들에겐 엄격했고 계율에는 철저했다.

나옹이 지은 ‘나옹 삼가’ 중에는 치열한 수행으로 깨달음 얻기를 권하는 ‘고루가(枯髏歌)’도 있다. ‘고루’란 마른 해골을 뜻하는 말이니 고루가는 ‘마른 해골의 노래’라고 옮길 수 있다. 마른 해골은 죽으면 뼈만 남기게 되는, 허망하기 짝이 없는 인생을 빗대고 있다. 따라서 수행을 통해 무상함을 깨닫고 고통에서 벗어나기를 일깨워 주는 나옹의 가르침이 고루가에 담겨 있다. 나옹은 신륵사에서 이 노래를 마음속으로 낭송하고는 했다.

말라붙은 이 해골 몇천 생이나
축생과 인간을 오가며 허망하게 허덕였던가.

지금 이렇게 진흙 구덩이 속에 떨어져 있으니
필시 전생에 마음을 잘못 썼기 때문이리라.

한량없는 겁 동안 성왕(性王; 인간의 내면에 깃든 본래의 참된 본성)
에 어두워
육근은 이리저리 흩어져 치달리며
그저 탐욕과 애욕만을 가까이할 줄 아니
어떻게 하면 머리 돌려 바른 광명을 지킬까.

이 마른 해골이 너무나 어리석고 완고하여서
그 때문에 천만 가지 악을 지었구나.
공하여 아무것도 없음을 하루아침에 꿰뚫어 보면
한 걸음 떼기도 전에 서늘하게 몸을 벗으리라.

그때를 저버리고 가장 좋은 시절
분주하게 허덕이며 바람 따라 날리네.
그대는 어서 빨리 고개를 돌려서
참된 공(空)을 밟고 바른 길로 돌아가라.

모였다 흩어지고 올라갔다 내려가니
이 세계도 저 세계도 마음 편치 않구나.
그러나 한 생각에 빛을 돌이킬 수 있다면

단박에 뼛속 깊이 생사를 벗어나리라.

- 나옹 선사 '고루가' 중 일부

어느 날 저녁, 나옹이 제자들의 부축을 받으며 강변을 거닐 때였다. 갑자기 하늘에서 오색구름이 피어오르며 신비로운 빛이 내렸다. 곁에 있던 제자들이 깜짝 놀랐다.

"큰스님, 저게 무슨 빛일까요?"

"불보살님들이 이 땅을 살펴보시는 모양이구나."

나옹은 차분하게 말하면서도 목숨이 막바지에 이르렀음을 직감했다. 그가 신륵사에 머물면서부터 주변에선 여러 기이한 일이 일어났다.

하루는 그가 문병을 온 대중들에게 법문할 때, 어디선가 은은한 향기가 풍겨 왔다. 이 세상의 어떤 향과는 다른, 극락정토의 향기 같았다. 청중들은 모두 그 향기에 취해 깊은 법열에 빠져들었다. 어느 때는 꽃비가 내리기도 했다. 나옹이 염불할 때마다 하늘에서 꽃잎들이 하늘하늘 떨어졌다. 계절은 이미 여름으로 접어들었지만, 온갖 꽃잎들이 비처럼 내렸다. 개나리, 매화, 연꽃, 모란, 국화, 진달래까지 계절을 초월한 꽃들이었다. 그런가 하면 평소에는 서로 으르렁대던 개와 고양이들이 신륵사 주변에서는 평화롭게 어울렸다.

"이 모든 게 우연일까요?"

그런 현상을 보던 사람들이 놀라워하며 나옹에게 여쭸다.

"우연도 인연입니다. 모든 건 인연 따라 생멸합니다. 다만 중생들이 이것을 보고 부처님의 자비를 믿게 된다면 좋은 일입니다."

나옹은 이렇게 답하면서도 눈앞에 보이는 기적들을 대수롭지 않게 여겼다. 오히려 사람들이 그런 기적에만 현혹되어 수행을 소홀히 할 것을 걱정했다.

잠시 도량을 거닐던 나옹은 숨이 가빠져 더는 걸음을 옮길 수가 없었다. 다시 머물던 방으로 돌아가 자리에 누운 그는 각운과 지선에게 좀 더 가까이 다가오라고 한 뒤 당부했다.

"내 다비를 마치거든 너희들은 오대산으로 가야 한다."

"큰스님, 오대산이라니요? 지금은 얼른 쾌차하시는 게 우선입니다."

"아니다. 내 말 명심하여라. 오대산에 터 잡은 당우들을 오대산답게 바로 세우도록 해. 그것이 너희들이 할 일이다. 알겠느냐?"

나옹은 오대산에 머물며 그 대자연을 벗 삼아 지낼 때를 회상했다. 아무것도 바라는 게 없었던 그 시절, 오대산은 그의 부처님이고 보살이었다. 청산과 창공에 심신을 맡긴 채 부처님 가르침대로 살던 오대산의 하루하루가 주마등처럼 스쳐 지나갔다.

스승이 오대산의 여러 사암을 중창하라는 유언을 남기자, 각운과 지선은 더는 말을 잇지 못하고 울먹였다. 곁에 있던 다른 제자들도 마찬가지였다.

그때 나옹은 오대산 시절을 생각하며 나지막이 노래했다.

"청산은 나를 보고 말없이 살라 하고, 창공은 나를 보고 티 없이 살라 하네. 사랑도 벗어놓고 미움도 벗어놓고…."

그 청산가를 듣던 여러 제자들이 소리 높여 스승을 불렀다.

"큰스님!"

녹음이 짙어질수록 나옹의 건강은 점점 나빠졌다. 기침이 더욱 심해졌고 음식물은 물론 탕약조차 거의 들지 못했다. 하지만 그의 정신은 여전히 맑았고 찾아오는 사람들에게는 변함없이 자비로운 미소를 보여 주었다.

"큰스님, 좀 더 쉬셔야 합니다. 너무 많은 사람을 만나시면 몸에 무리가 되십니다."

제자들이 걱정했지만, 나옹은 고개를 저었다.

"시간이 얼마 남지 않았으니 한 분이라도 더 만나 부처님 말씀을 전해드려야지."

그러던 어느 날이었다. 그날도 관리들이 신륵사에 들이닥쳐 나옹의 병세가 어떤지 물었다.

"나옹 스님은 차도가 있습니까?"

제자들은 매일 이야기를 나누던 관리들의 질문에 아무 의심 없이 대답했다.

"큰스님께선 점점 위중해지시는 듯합니다. 어제부턴 탕약도 잘 드시지 못하시고…."

“허참! 큰일이오. 어서 영원사로 모셔야 하는데…. 전하께서도 스님 소식을 듣고 걱정이 많으십니다. 해서 특별히 어의에게 명해 이 약을 조제하도록 하셔서 하사하셨답니다. 잘 달여 복용토록 하십시오.”

관리들은 한약 세 첩을 나옹의 제자에게 전해 주었다. 제자들은 뭔가 찜찜한 느낌이 들었지만, 관리들 면전에서 싫다는 내색을 할 수 없어 그대로 받아두었다.

“알겠소. 주상 전하의 당부대로 잘 달여 드리겠소.”

제자들은 그날 저녁 어의가 조제했다는 약을 달여 나옹의 방으로 들어갔다.

“큰스님, 이건 전하께서 특별히 내리신 약이라 합니다.”

그때 나옹이 미소를 지으며 되물었다.

“주상께서 하사하신 방약이란 말이지?”

“그렇습니다.”

“그렇다면 달게 마셔야지. 이 또한 어명인데 어찌 거역하겠느냐?”

그 말에 제자들이 걱정스러운 표정으로 여쬈다.

“하오나 근래엔 탕약조차 제대로 드시지 못하셨는데….”

“걱정할 거 없다. 내가 회암사를 떠날 때 대중들에게 말하지 않았느냐? 내 여정은 이곳 여흥에서 끝날 것이라고…. 살고 죽음이 이와 같은 것이다.”

스승의 알쏭달쏭한 말씀에 제자들은 몸 둘 바를 모를 지경이었다.

나옹은 임금이 내렸다는 탕약을 벌컥벌컥 들이켰다. 하지만 이미 나쁠 대로 나빠진 건강 탓인지 그날따라 밤새 잠을 이루지 못한 채 심한 두통과 복통, 어지럼증에 시달렸다.

죽음을 예감한 나옹은 이튿날 날이 밝자 지선에게 명했다.

"사중에 있는 문도들을 모이도록 해라."

지선은 곧 방문 밖으로 나가 대중들에게 스승의 말씀을 전했다. 모두 불안한 표정으로 나옹의 방으로 들어가 차례대로 앉았다. 대중들의 걱정스러운 표정과는 달리 나옹의 얼굴에는 평안함이 가득했다.

"내가 이제 떠날 때가 된 것 같구나."

그 말에 모든 사람이 충격을 받았다. 눈물을 흘리는 사람들도 있었다.

"슬퍼하지 말거라. 죽음은 내가 오랫동안 꿈꾸던 고향으로 돌아가는 것과 같다. 그러니 기쁘고 설레는 일이지 슬퍼할 게 아니다."

"큰스님, 저희를 두고 어디로 가시려 합니까?"

스님들 뒤쪽에 앉아 있던 한 불자가 울먹이며 물었다.

"기왕이면 극락정토로 가는 게 좋지 않겠소? 그곳에서 여러분을 기다리고 있을 테니 열심히 수행하여 그곳으로 오길 바랍니다."

나옹은 마지막 법문을 시작했다.

"부처님 가르침은 간단합니다. '모든 악을 짓지 말고 모든 선을 받들어 행하며, 스스로 그 마음을 깨끗이 하라.'라는 게 부처님의 참된 가르침입니다. 여러분! 누구든 생로병사는 피할 수 없습니다. 다만 그것을 어떻게 받아들이느냐는 각자의 마음에 달려 있습니다. 원망하며 받아들이면 고통이 되고, 감사한 마음으로 받아들이면 해탈이 됩니다. 저는 이번 생을 매우 만족스럽게 살았어요. 많은 사람을 만나 부처님 가르침을 전할 수 있었지요. 비록 지금은 시련을 겪고 있는 것처럼 보이지만 이것조차 소중한 경험입니다. 여러분도 어떤 시련을 맞더라도 원망하지 마십시오. 모든 것은 여러분을 성장시키기 위한 부처님 자비라고 여기십시오."

나옹은 이렇게 법문을 마친 뒤 조용히 염불을 시작했다.

"나무아미타불, 나무아미타불, 나무아미타불…."

그렇게 염불을 외며 엷은 미소를 지은 채 5월 15일 아침 진시에 열반했다. 그의 나이 쉰일곱, 법랍은 서른일곱이었다.

그의 죽음은 회암사를 떠날 때부터 예정되어 있었다. 나옹도 자신의 삶이 여흥(여주)에서 끝날 것임을 미리 말했고 그 말처럼 남한강 변 신륵사에서 길을 멈췄다. 그를 시기하던 일부 신흥사대부들이 굳이 밀양 영원사로 보내려고 하지 않았어도 나옹은 열반에 들었을 것이다. 임금이 내렸다는 약을 마시지 않았더라도 그의 삶은 신륵사에서 회향되었을 게 분명했다. 하지만 나옹은 웃으면서 그 약을 들이켰다. 하화중생이라는 대승 수행자의 사명을 극대화하려는 방편이었다.

"큰스님, 눈을 떠보세요, 큰스님!"

제자와 신도들은 목 놓아 울었다. 일부 제자들은 관리들의 눈을 피해 수군거렸다.

"임금이 내리셨다는 그 약이 수상하군."

"저도 그리 여깁니다. 굳이 그런 약을 보내지 않아도 큰스님은 열반하셨을 겁니다. 그들이 어명을 빙자하여 큰스님의 죽음을 재촉한 게 분명합니다."

그래서였을까. 사람들 사이에서는 나옹이 독살되었을 것이라는 소문이 돌기 시작했다. 뚜렷한 근거는 없지만 그를 눈엣가시처럼 여겼던 자들이 분명히 그런 음모를 꾸몄으리라 믿었다. 고려 말이라는 수상한 시절이라 그런 일은 얼마든지 일이 날 수 있었다.

나옹이 입적하자 하늘과 땅에서는 기이한 일들이 일어났다. 예전에 공민왕이 나옹에게 하사했던 흰 말은 이미 사흘 전부터 풀을 뜯지 않은 채 머리를 떨구고 슬피 울었다. 나옹이 눈을 감은 직후 사람들은 오색구름이 산봉우리를 덮는 모습을 보았다. 오색구름은 연꽃 모양을 이루며 천천히 서쪽으로 움직였다. 서쪽은 극락정토가 있는 방향이었다.

그와 동시에 허공에서는 다시 천상의 음악이 울려 퍼졌다. 가야금·거문고·피리 소리가 조화롭게 어우러지며 극락정토의 음악을 연상시켰다. 음악은 하루 종일 계속되었다. 신륵사 주변의 화초들이 갑자기 꽃을 피웠다. 이미 피었다 진 벚꽃, 배꽃, 진달래꽃이 다시 한번 만개했다. 사람들은 그런 광경을 보고 모두 놀라워했다.

남한강 물도 평상시와 달랐다. 물결이 황금빛으로 반짝이며 신비로운 빛을 발했다. 물고기들이 떼를 지어 수면 위로 뛰어오르며 춤을 추는 것 같았다.

가장 놀라운 것은 나옹의 육신이었다. 입적한 지 며칠이 지나도 생전보다 더 빛이 나는 것 같았다. 얼굴에는 자비로운 미소가 그대로 남아 있었다.

"이런 일이 가능한가?"

나옹의 영원사행을 독촉하던 대신들과 관리들은 믿을 수 없다는 표정이었다.

제자들은 절차에 맞춰 스승의 다비를 진행했다.

나옹 큰스님이 열반했다는 소식은 순식간에 전국 각지로 전해졌다. 명산대찰의 스님들뿐 아니라 일반 불자들도 행렬을 이루어 신륵사로 모여들었다. 이 때문에 나옹을 제거하려던 신흥사대부들은 혹을 떼려다 혹을 붙이는 격이 되었다. 다만 나옹이 더는 움직이지 못한다는 점으로 위안을 삼았다.

수천 명의 스님과 신도들이 참석한 가운데 다비식이 열렸다.

다비가 시작되자 나무들은 연꽃 모양을 이루며 타올랐다. 그와 함께 향기로운 연기가 하늘 높이 올라갔다. 다비가 모두 끝나자, 다비장 주변에는 구름 한 점 없었음에도 비가 내렸다.

불이 꺼진 뒤 사리를 수습해 보니 처음에는 155과가 나오더니, 사람들이 기도하자, 모두 558과로 불어났다. 일반 대중이 재 속에서 수습해 각자의 품에 간직한 사리는 이루 헤아릴 수 없었다. 그때 고을 사람들 모두 매우 맑고 신령한 빛이 산 위에서 멀리 퍼져 나가는 걸 바라보았다.

"이것은 정말 불가사의한 일입니다."

"큰스님께선 입적하신 후에도 중생을 제도하고 계시는군요."

제자들이 눈물을 흘리며 말했다.

이런 불가사의한 일들을 곁에서 지켜본 무학은 당시의 일을 게송으로 기록했다.

돌아가신 스승의 영골을 수습하는 바로 그 순간
사리가 분신하여 물 위에 흐르네.
어젯밤 여강의 용이 물결을 더하니
조사의 선풍 거듭 일고 밝은 달 아래 배가 더 나가네.

나옹의 다비식을 지켜보던 사람들은 저마다 소원을 빌고 기도했다.

"나옹 큰스님, 부디 저희를 위해 기도해 주세요."

"큰스님, 극락정토에서 저희를 기다려 주세요."

사람들의 기도 소리는 끊이지 않았다. 그들 중에는 나옹에게 직접 가르침을 받은 사람도 있었고 소문으로만 들은 사람도 있었다. 하지만 모두 진심으로 나옹을 그리워했다.

어떤 늙은 농부는 회암사 시절의 나옹 큰스님에게 들었던 법문을 주변 사람들에게 전하기도 했다.

"나옹 선사께서 말씀하시길 '부처는 마음 밖에 따로 없다.'라고 하셨습니다. 그 말씀 덕분에 저는 평생 마음 편히 살 수 있었지요."

농부는 눈물을 흘리며 절했다. 그러자 갑자기 사리함에서 빛이 났다. 이런 일은 비단 농부뿐만이 아니었다. 아이가 꽃송이를 바치자, 이루 말할 수 없는 향기가 사방에 퍼졌고, 젊은 어머니가 아이의 건강을 위해 기도하면 그에 응답하듯 아름다운 음악 소리가 전해졌다.

"선사님께서는 돌아가신 후에도 우리와 함께 계시는군요."

사람들은 이런 기적을 체험할 때마다 부처님을 더욱 깊이 믿게 되었다.

신륵사에 살던 달여 스님은 꿈에 거룩한 용이 다비하는 자리에 서려 있다가 남한강물 속으로 뛰어들어 가는 것을 보았다. 그 모습은 말과 같았다.

제자들은 나옹의 사리를 모시고 배를 타고 회암사로 돌아갈 작정이었다. 다만 몇 달 동안 비가 내리지 않아 남한강 수심이 얕아지지 않았는지 걱정이었다.

"오랫동안 가물었으니 배가 뜰 수 있을지 모르겠소."

하지만 그것은 기우였다. 비가 오지 않았음에도 강물은 어느새 불어난 상태였다. 그리하여 오랫동안 묶여 있던 배들까지 한꺼번에 물을 따라 움직일 수 있었다. 이는 달여의 꿈에 나타난 거룩한 용이 나옹의 회암사행을 도와준 것이라는 믿음을 피워냈다.

나옹의 사리를 모신 배는 순조롭게 움직여 제자들은 5월 그믐날, 회암사에 이르렀다.

이후 나옹의 사리는 그가 법을 펴려고 했던 회암사와 열반지인 신륵사뿐만 아니라 전국의 많은 사찰에 비문과 부도를 통해 봉안되었다. 금강산, 치악산, 소백산, 사불산, 용문산, 구룡산, 묘향산, 천보산, 신륵사 등 나옹이 생전에 유력했던 곳마다 사리가 모셔졌다. 특히 묘향산 안심사에는 지공의 사리 9과와 나옹의 두골 한 조각, 사리 5과를 모신 곳으로 유명하다. 그래서 안심사는 달마 대사가 면벽 수행했던 숭산 소림사에 비유되기도 한다.

특히 오대산에서는 나옹의 유언에 따라 여러 사암들의 중창 불사가 이뤄졌다. 그런가 하면 1383년(우왕 9)에는 나옹의 가사 한 벌과 불자가 오대산에 모셔지게 되어 나옹이 한동안 오대산의 여러 암자에 주석하며 법을 펴던 일을 되돌아보게 했다.

다시 오대산에서

　그해 여름, 스승의 49재를 마친 각운과 지선은 스승의 마지막 당부를 되새기며 오대산으로 향했다. 그들은 오대산에서 나옹 선사를 처음 뵈었거나 나옹 선사를 찾아 오대산으로 출가한 스님들이었다. 그들이 며칠을 걸어 원주와 평창을 지나자 비로소 오대산의 웅장한 산세가 눈에 들어왔다.

　"사형, 드디어 문수보살의 성지가 눈에 들어옵니다."

　지선이 감탄하며 각운에게 말했다.

　"그렇구면. 신라의 자장 율사가 이곳을 불법의 성지로 만드셨다는데, 우린 이곳에서 생불이신 나옹 큰스님을 모시고 살았었지."

　두 스님은 월정사와 상원사를 지나 나옹 스님을 처음 뵈었던 북대 상두암에 이르렀다. 각운은 나옹 스님을 모시면서 처음 나눴던 문답을 떠올렸다.

“무엇이 네 마음을 어지럽혔느냐?”

“아까 뭔가 머릿속을 스치는 생각이 있었는데 그런 게 깨달음인지 아니면 마음이 일으킨 환상인지 알 수가 없어 괴롭습니다.”

“그건 어떤 상태였지?”

“여태 저는 색즉시공이라는 걸 머리로만 알았는데 아까는 온몸으로 느꼈습니다. 모든 존재가 본래 공하다는 걸 알게 되었습니다. 하지만….”

“하지만?”

“저도 모르게 깨달음에 집착하려는 마음이 일어났습니다. 그렇다면 제가 진정한 깨달음을 얻을 수 있을까요?”

나옹이 조용히 고개를 끄덕였다.

“그건 네가 참된 깨달음의 길로 한 걸음 내디뎠다는 징조야.”

그렇게 나옹에게 가르침을 받은 지 어언 16년이 지났다. 그동안 나옹 선사가 가시는 데라면 사제인 지선과 어느 곳이든 함께 수행했다.

지선도 마찬가지였다. 처음 고향 마을에서 출가한 무진 스님을 따라 금강산을 구경하려던 그는 오대산에 나옹 스님이 머물고 계신다는 말을 듣고 곧바로 북대 상두암으로 찾아갔다. 지선 역시 스승을 가까이에서 모시며 가르침을 받았고 어느새 출가한 지 16년이 지난 중견 승려가 되어 있었다.

나옹 스님은 신륵사에서 입적하기 전 그들에게 오대산 관음암을 비롯한 낡은 사암들을 중창하라는 유언을 남겼다. 그런 유언이 아니더라도 오대산과 인연이 깊었던 그들은 언젠가는 자신들이 살았던 절집을 중창했을 것이다.

그들은 처음 출가했을 때의 마음으로 잠자리에 누웠다. 호흡을 가다듬는 중에 모든 사물이 멈춘 듯한 고요를 느꼈다. 후임 스님들 덕분에 상두암은 온전히 보존되고 있었다. 하지만 이튿날 그들이 찾아간 동대 관음암은 입을 다물지 못할 만큼 쇠락한 모습이었다.

각운은 나옹 스님이 상두암에 오신 뒤로 스승을 모시고 오대산 곳곳에 세워진 사암들을 돌아볼 때의 일을 떠올렸다. 그때 나옹 스님이 관음암을 살피신 뒤 하셨던 말씀은 아직도 쟁쟁히 남아 있다.

"법당 기둥이 기울고 지붕도 군데군데 삭았으니 안쓰럽구나. 저래서야 어찌 관음보살님을 제대로 모실 수 있겠느냐?"

그때 나옹 선사는 관음암을 중창하겠다는 의지를 밝히신 바 있다. 각운 또한 그 말씀에 크게 공감했다. 하지만 일이 곧바로 진행된 것은 아니었다. 나옹 선사에게 그럴 만한 짬이 좀체 나지도 않았고 당시의 각운이나 지선과 같은 어린 제자들에게는 불사를 추진할 만한 힘이 없었기 때문이다. 그러니 나옹 큰스님이 열반하신 뒤의 관음암 상태는 말할 게 없었다. 기둥은 썩어서 금방 주저앉을 것만 같았고, 지붕을 덮고 있던 기와도 군데군데 떨어져 깨져 있었다. 오랫동안 비워둔 걸 호소하듯 마당에는 잡초가 무성했다.

"사형, 이것을 어찌 다시 세운단 말입니까?"

지선이 낙담한 표정으로 각운을 바라보았다. 이때 각운은 오히려 눈빛이 살아났다.

"바로 이렇기에 스승님께서 이 일을 맡기신 게 아닌가. 쉬운 일이었다면 도량을 중창하라는 유언을 남기지 않으셨을 것이네."

각운은 무너진 법당 앞에 무릎을 꿇고 절을 올렸다. 지선도 함께 엎드려 다짐했다.

"스승님, 저희들이 반드시 이곳을 다시 일으켜 세우겠습니다."

이튿날부터 그들은 오대산 아랫마을을 돌며 시주를 구했다. 하지만 그들의 권선은 쉽지 않았다.

"스님, 저희도 먹고살기 바쁩니다. 어디 부잣집을 찾아가 보시지요."

한 농부가 이렇게 말하며 손사래를 쳤다. 하지만 각운과 지선은 포기하지 않았다. 그들은 마을 사람들에게 나옹 선사의 가르침을 전하며 시주를 권했다.

"한때 오대산에 머무셨던 나옹 스님께서는 '부처는 멀리 있지 않고 바로 우리 마음속에 있다.'라고 말씀하셨습니다. 저희가 관음암을 다시 세우는 것은 단순히 건물을 짓는 것이 아닙니다. 여러분의 마음속에 부처님의 자비를 심기 위해서입니다."

그들의 진심 어린 호소에 사람들의 마음이 조금씩 움직이기 시작했다.

한 보살이 다가왔다.

"제게 돈은 없습니다만, 이 쌀 한 되는 드릴 수 있습니다."

"고맙습니다. 보살님의 그 마음은 천 냥보다 귀합니다."

한 청년 석공이 말했다.

"저는 돌 다루는 일을 합니다. 품삯 없이 일을 해드리겠습니다."

한 목수가 나섰다.

"저도 거들겠습니다. 나옹 큰스님의 유지라면 마땅히 도와야지요."

그렇게 각운과 지선이 시주를 받으면서부터 인부들이 먹어야 할 곡식과 법당을 짓는 데 필요한 재목과 기와들이 관음암 앞마당을 채우기 시작했다. 그리고 그해 가을, 본격적인 중창 불사가 시작되었다.

그때 각운은 좀 더 많은 시주를 받기 위해 회암사 등 큰절로 찾아갔고 지선은 관음암을 짓겠다며 찾아온 목수를 비롯한 인부들과 함께 일을 시작했다.

아침 햇살이 나뭇가지 사이를 뚫고 법당 마당을 비추고 있었다. 지선은 그 햇살이 따스하면서도 상쾌한 느낌이 들었다.

그래서였을까. 마당 한쪽에 쌓아둔 재목들을 본 그는 당장이라도 일을 하고 싶어졌다.

재목들은 굵기와 길이대로 각각 쌓여 있었다. 모두가 인부들과 신도들의 도움으로 이뤄진 것이었다. 그들은 껍질을 벗기고 다듬은 나무들을 길이와 너비에 맞춰 쌓아두었다. 나무들을 대들보와 기둥, 서까래 등으로 쓰려면 일손도 많이 필요한 데다 시간도 제법 걸릴 게 분명했다.

지선은 그 재목들을 다듬기 시작할 무렵의 일을 떠올렸다. 하루는 가볍게 새참을 들고 난 인부들이 지나가던 지선에게 물었다.

"스님, 전에 나옹 큰스님이 상두암에 있던 나한상들을 신통력을 써서 상원사 나한전으로 옮기셨다는데 그게 정말인가요?"

지선은 금시초문이었다.

"처음 듣는 얘깁니다만…."

"그러니까 나옹 큰스님이 처음 북대 상두암에 오셨을 때라는데 그땐 지선 스님은 안 계셨습니까?"

"저는 아는 스님을 따라 금강산 유람을 가다가 오대산에 나옹 큰스님이 계신다는 소문을 듣고 그분의 제자가 되기 위해 상두암을 찾았습니다. 그러니 출가 전의 일은 잘 모릅니다."

지선의 답변에 인부들은 그제야 고개를 끄덕였다. 그러면서도 지선에게 궁금한 것을 물었다.

"한데 큰스님이 신통력으로 나한들을 옮기셨다는 건 무슨 말일까요?"

"큰스님은 평소에 신통력 같은 걸 함부로 쓰면 안 된다고 강조하셨습니다. 그런 스님께서 신통력을 쓰셨다니 저도 이해가 안 됩니다. 그러니 큰스님이 신통력으로 나한상을 옮기신 이야길 처사님들께 들어나 봅시다."

그날 인부들이 지선에게 전한 이야기는 이랬다.

상원사에 나한전 건물을 세운 뒤의 일이다. 그때 큰절 스님들은 산내 암자인 상두암에 모셔둔 16나한상을 상원사로 이운하기로 계획했다. 그 후 나한전 공사를 안팎으로 마친 뒤 상두암 나한상을 옮기기로 한 날을 코앞에 두었다. 그런데 왕복 20리가 훨씬 넘는 산길로 16나한상을 옮기려면 대중들이 저마다 상두암으로 올라가 나한상을 등에 지고 상원사까지 내려가야만 했다. 인력과 시간이 제법 많이 필요한 일이었다. 그렇게 되자 나옹 선사가 상원사 주지에게 말했다.

"나한상들은 내가 옮겨 줄 테니 걱정하지 마시게."

그런데 나옹 스님은 나한상을 이운하기로 한 날 오후가 되도록 아무 일도 하지 않았다.

"큰스님, 오늘까지 나한상을 옮겨 주시기로 하셨는데 아직…."

상원사 스님들은 안절부절못하며 나옹에게 그 일을 상기시켰다.

"응, 그렇지. 내가 오늘까지 나한상들을 옮겨 주기로 했었지. 하지만 아직 날이 저물지 않았으니, 약속을 어긴 건 아닐세."

나옹은 태평스럽게 답한 뒤 그날 해가 뉘엿뉘엿 기울 때쯤 법당으로 들어갔다. 그러고는 가지고 있던 지팡이로 나한들의 머리를 한 대씩 쥐어박았다.

"내가 오늘 자네들을 옮기기로 약속한 걸 알았으면서도 여태 가만히 있었단 말인가? 내가 대중들에게 걱정을 사지 않도록 제 발로 옮길 것이지 일일이 업어서 옮겨 주길 기다렸어?"

이렇게 말하자 나한들은 자리에서 일어나 차례대로 상원사로 내려가 각자 자리를 잡았다. 그런데 상원사 스님들이 숫자를 헤아려 보니 열다섯 나한밖에 없었다. 이에 스님들이 가자 흩어져 수색한 끝에 미처 도착하지 못한 나한상을 찾았다. 그 나한상은 칡덩굴에 얽혀 내려가지 못한 것이다.

나중에 이 사실을 알게 된 나옹이 오대산 산신을 불러 명했다.

"칡들이 나한상 이운 불사를 방해했다고 하니 다시는 이 오대산에서 그놈들이 자라지 못하도록 하게."

그 뒤부터 오대산에서는 칡이 자랄 수 없게 되었다는 게 인부들이 들려준 전설이었다. 그 이야기 끝에 인부들이 지선에게 물었다.

"지선 스님, 나옹 큰스님이 정말 그런 신통력을 쓰셨을까요?"

지선으로선 답변하기에 곤란한 이야기였다. 그가 처음 상두암으로 올라가 나옹 스님께 출가했을 때는 법당에 삼존불만 모셔져 있었지, 나한상은 보이지 않았었다. 그런데 훗날 나옹 선사가 고려의 모든 백성에게 생불과 같은 고승으로 추앙되면서 그런 전설이 생긴 모양이었다. 지선은 민중들 사이에 전해지는 나옹 선사에 대한 환상이랄까 존경심을 깨뜨릴 마음은 없었다.

"본래 도가 높은 스님들은 그런 신통력을 자유자재로 쓰실 수 있습니다. 하지만 꼭 필요할 때만 쓰시는 걸로 압니다. 그래서 나옹 큰스님께선 저희 제자들에게 '만약 수행이 깊어져 신통력이 생긴다 해도 함부로 써선 안 된다'고 엄히 가르치셨습니다. 하지만 상두암 16나한상을 멀리 떨어진 상원사로 옮기실 땐 그런 신통력이 필요하지 않았겠습니까?"

이에 목수와 인부들은 그럴 만도 하겠다는 표정으로 고개를 끄덕였다.

석공들이 초석을 다듬고 목수들이 기둥을 세우며 시작된 관음암 공사는 반년이 지날 무렵 거의 마무리되었다. 스님들은 공사가 순조롭게 진행되길 바라며 날마다 경을 읽고 축원을 올렸으며 마을 사람들과 인부들은 돌과 나무, 기와를 끝없이 날라 법당을 완성해 나갔다.

기존 법당에 모셔두었던 불상을 이운하고 단청까지 마무리하려면 한두 달쯤 더 걸릴 듯했다. 이에 각운과 지선은 나옹 큰스님 열반 1주기에 맞춰 중창 불사 회향식을 열기로 하고 박차를 가했다.

처음엔 쓰러져 가는 법당 건물을 보며 언제, 어떻게 중창을 마칠 수 있을지 까마득했다. 하지만 막상 마음을 내고 보니 여기저기서 일손을 보태주고 시주를 해 줘서 막바지에 이르게 되었다. 일체유심조라더니 마음을 내면 현실로 이뤄지는 게 부처님 일이라는 걸 두 제자는 실감했다.

새로 지어진 법당은 단아하면서도 장엄했다. 처마 끝에서는 풍경이 맑은 소리를 냈다. 법당 안에는 주불로 모셔진 관세음보살상이 자비로운 미소를 머금고 있었다.

낙성식 날, 수백 명이 모어들있다. 가까운 암지는 물론 월정사와 상원사에서 수행하는 비구니 스님들과 보살님들은 하루 전부터 찾아와 음식을 장만하느라 분주했다. 시주한 마을 사람들, 공사에 참여한 목수와 일꾼들, 각지에서 온 스님들이 함께 기뻐했다.

각운과 지선은 관음암 회향식 때 환암 혼수, 무학 자초, 고봉 법장 등 나옹 스님이 아끼시던 법제자들을 특별히 초청했다. 그 밖에 월정사, 상원사 스님들을 비롯해 나옹 스님과 인연이 있는 스님과 불자들도 모두 모셨다.

그날 무학 자초가 나옹의 제자들을 대표하여 인사말을 했다.

"오늘 우리는 오대산 동대에 관음암을 다시 세웠습니다. 하지만 우리가 진정으로 세운 것은 건물이 아니라 나옹 큰스님의 가르침이 이 땅에 계속 이어지도록 우리 마음을 세운 것입니다. 스승님께서는 항상 말씀하셨지요. '한 생각 일어나면 천만 가지가 따라오고, 한 생각 사라지면 만법이 고요하다'고요. 우리가 이렇게 스승님의 유지를 받들어 한마음으로 일하는 것, 이것이 진정한 수행입니다."

그는 하늘을 우러러보았다.

"나옹 큰스님, 여기 오대산에서 인연을 맺은 제자들이 큰스님의 유지를 받들었습니다. 부디 이곳이 많은 중생들의 안양국(安養國; 극락정토)이 되게 하소서."

무학의 인사말이 끝난 뒤 각운이 큰 북을 쳤다. 그 울림이 오대산 골짜기에 울려 퍼졌다. 곧이어 지선이 종을 쳤다. 맑고 청아한 종소리가 하늘로 올라갔다. 그들은 관음암에 이어 남대와 서대뿐 아니라 오대산 안에 세워진 모든 암자들을 찾아다니며 쓰러진 기둥을 바로 세우고 낡은 기와를 갈아 올릴 생각이었다. 관음암처럼 손을 댈 수 없을 만큼 쇠락한 건물은 아예 헐어내고 중창하기로 했다. 그것이 스승께서 자신들에게 특별히 남기신 유촉을 받드는 길이며 그들의 수행이었다.

그날 밤, 제자들은 새 법당에서 밤샘 기도를 올렸다.

각운이 환암 혼수에게 여쭸다.

"큰스님, 저희가 정말 스승님의 뜻을 제대로 받든 것일까요?"

환암이 부드럽게 대답했다.

"나옹 큰스님이 관음암 중창을 자네들에게 당부하신 것은 단순히 절을 짓기 위함이 아니었네. 한마음으로 모여 어려운 일을 해내고 그 과정에서 집착을 버리고 자비를 배우기를 바라신 것이지. 그러니 더욱 큰 원력을 내어 큰스님의 유촉을 받들도록 하게."

환암은 관세음보살상을 바라보며 덧붙였다.

"보게나. 저 보살님은 자비로운 미소를 짓고 계시네. 모르긴 해도 자네들은 이 일을 하는 동안 많이 다투고 좌절하고 그러면서도 서로를 이해하게 되었을 것이네. 안 그런가?"

지선이 답했다.

"그렇습니다, 큰스님."

"그것이 바로 나옹 큰스님께서 자네들에게 주신 참된 가르침이네."

동이 트기 시작했다. 오대산 봉우리들이 붉게 물들었다.

지선은 관음상 앞에 엎드려 큰절을 올렸다.

'스승님, 이제 편히 쉬소서. 저희들이 이 오대산에 머물며 큰스님의 법을 이어가겠습니다.'

각운도 큰절을 올리며 발원했다.

'지선이 동대 관음암을 중창하는 데 힘썼으니 저는 중대 사자암을 중창하겠습니다.'

관음암을 중창한 각운과 지선이 절을 마치고 나자, 동쪽에서 바람이 불어왔다. 풍경이 가볍게 흔들리며 맑은 소리를 냈다. 그 소리는 마치 나옹 선사의 자비로운 웃음소리 같았다. 풍경 소리와 함께 각운과 지선에게는 스승이 가끔 부르셨던 '청산가'도 귓전에 들리는 듯했다. 두 사람은 약속이라도 한 듯 낮은 목소리로 합창했다.

"청산은 나를 보고 말없이 살라 하고 창공은 나를 보고 티 없이 살라 하네…."

나옹 열반 후 전국 각지에서는 그를 기리는 추념 사업이 이뤄졌다. 특히 오대산에서는 각운, 지선 외에 여러 명이 영로암(중대 진여원)을, 나암 유공과 목암 영공은 염불암을, 비구니 혜명 등은 영감암을 중창했다. 이처럼 제자들이 스승의 유훈을 받들어 오대산의 여러 사암을 중창하는가 하면 민중들 사이에서도 나옹에 대한 추모 열풍이 오랫동안 이어졌다.

나옹이 열반한 지 어언 44년째 되는 1420년(세종 2)의 일이다. 조선 초기의 고승으로 알려진 함허 기화(涵虛己和)가 오대산 영감암을 찾았다. 영감암은 훗날 혜명 비구니 등이 중창해 나옹이 머물 때와는 달리 도량의 모습을 제법 갖추게 되었다.

함허는 공교롭게도 나옹이 열반하던 1376년에 태어났고 스물한 살 때 친구가 세상을 떠나자 인생이 덧없음을 느끼고 출가했다. 그러니까 출가 동기 또한 나옹과 비슷했다. 더욱 놀라운 것은 나옹 선사처럼 57세로 열반에 들었다는 점이다. 다시 말해 무학 자초의 법을 이은 함허는 나옹에게는 법손에 해당하며 나옹 선사와 공통점이 많은 후학이었다.

희양산 봉암사에서 수행하던 함허는 노스승이신 나옹 선사가 한때 주석하셨다는 오대산을 참배하기로 했다. 그는 먼저 월정사를 돌아본 뒤 상원사 쪽으로 향하다가 영감암이라고 적힌 작은 이정표를 발견했다. 함허는 나옹 선사가 한때 영감암에서도 머물렀다는 걸 알았기에 그곳으로 발길을 돌렸다.

그가 영감암 법당에 들렀을 때였다. 법당 안에는 흔히 볼 수 있는 불상 대신 한 스님의 진영이 걸려 있었다.

"허허! 법당 안에 불상 대신 고승의 진영을 모셔두었다니 놀랍군요. 혹시 저분은 나옹 선사 아니십니까?"

함허가 영감암을 지키던 비구니 스님에게 물었다. 영감암은 비구니 혜명의 주도로 중창된 이래 비구니 도량이라는 전통을 잇고 있었다.

"그렇습니다. 제 스승 되시는 혜명 스님께서 중창 불사 후에 모신 진영입니다."

함허는 노스승의 진영에 참배한 뒤 자세히 살펴보았다. 자비로우면서도 엄격한 얼굴, 깊은 눈빛, 그리고 미소를 짓고 있는 나옹 선사가 묘사되어 있었다. 그때 함허의 눈길을 더욱 사로잡은 것은 나옹 선사의 누더기 승복이었다. 곳곳을 덧대어 입은 모습이 사실적으로 그려져 있어 노스승이 살아 계신 것과 같은 실감을 주었다.

그날 밤 함허는 신비한 꿈을 꾸었다. 한 신승(神僧)이 나타나더니 그에게 말했다.

"네가 이제야 오대산으로 왔구나."

함허는 꿈속에서도 그 신통한 모습을 갖춘 스님이 나옹 선사일 것이리라 여겼다.

"송구합니다, 큰스님."

"아니다. 네게 법명과 법호를 주려고 잠시 모습을 드러낸 것뿐이다."

"소승, 수이(守伊)라는 법명과 함께 지금은 무준(無準)이란 법호를 가지고 있습니다만…."

"그 이름도 좋지만 더욱 정진히란 뜻에서 새로 이름을 주려는 것이다. 앞으로 기화라는 법명과 득통(得通)이란 호를 쓰도록 해라."

함허는 그렇게 나옹 선사에게 이름을 받고는 바로 자리에서 일어나 꿈에서 받은 이름을 종이에 적어두었다.

잘 알려진 바와 같이 역성혁명으로 조선을 세운 태조 이성계는 불교를 배척하는 숭유억불 정책을 펼쳤다. 하지만 그가 조선을 건국하기 전부터 정신적인 가르침을 주었던 사람은 무학 자초였다. 무학은 안변의 한 토굴에서 수행할 때 이성계의 꿈을 해석해 그가 새 나라의 임금이 될 것이라고 예언했다. 덕분에 그가 수행하던 토굴은 조선 왕실의 지원을 받아 석왕사

(釋王寺)로 발전했다. 아울러 무학은 조선 건국의 정신적 지주로서 역할을 다했다. 그 결과 불교계는 숭유억불이란 혹독한 탄압 속에서도 살아남을 수 있었다. 그 뒤 무학의 법제자 함허 기화는『현정론(顯正論)』이라는 저술을 통해 배불(排佛)의 이론적 모순을 타파하는 등 조선 초기의 불교를 살리는 데 힘썼다.

따라서 지금까지 붓다의 가르침이 이 땅에 이어진 것은 나옹과 그의 법제자인 무학, 무학의 법을 이은 함허 등의 노력 덕택이라고 해도 과언이 아니다. 함허가 자신의 노사인 나옹 선사가 머물던 오대산 영감암으로 찾아가 영정에 참배하고 신통한 꿈을 꾼 것은 그처럼 깊은 법연이 있었기 때문이다.

함허는 영감암에서 며칠 더 머물며 나옹 선사 진영에 참배한 뒤 관음암, 상두암 등 여러 사암을 돌아보고 월정사에서 법을 펴기로 작정했다. 그것이 나옹의 법력이며 그를 추앙하는 후학들의 그리움이었다. 그럼에도 세상은 오대산에서 오롯하게 정진하기로 한 함허를 가만두지 않았다. 여러 스님과 대중의 법을 펴달라는 요청에 따라 그는 부득이하게 월정사를 떠나야 했다.

하지만 그의 노스승이던 나옹의 영향력과 가르침은 상두암, 영감암, 나옹대를 비롯한 여러 수행처와 함께 16나한상 이운 등의 전설, 그리고 청산가, 백납가, 토굴가 등의 가사로 남아 지금까지 오대산에 전해지고 있다.

참고문헌

채상식 저, 『고려후기불교사연구』, 일조각, 1991.

무비 스님 역주, 『나옹 선사 어록』, 민족사, 1996.

김효탄 저, 『고려말 나옹의 선사상 연구』, 민족사, 1999.

고봉 법장 지음, 하혜정 옮김, 『보제존자삼종가』, 동국대학교 출판부, 2015.

자현 지음, 『한국 선불교의 원류 지공과 나옹 연구』, 불광출판사, 2017.

금명 보정 엮음, 김용태·김호기 옮김, 『조계고승전』, 동국대학교 출판부, 2020.

황인규 저, 『한국 최고의 삼화상 나옹과 마지막 왕사 무학』, 민족사, 2026.

논문집

보조사상연구원, 『여말선초 송광사의 위상과 나옹의 법맥』, 2021.

오대산의 고승 3

나옹 선사

초판 1쇄 인쇄 _ 2026년 4월 15일
초판 1쇄 발행 _ 2026년 4월 25일

지은이 _ 이정범

펴낸이 _ 윤재승
펴낸곳 _ 민족사

주간 _ 사기순
편집 _ 최윤성
기획홍보 _ 윤효진
영업관리 _ 김세정, 백지영

출판등록 _ 1980년 5월 9일 제1-149호
주소 _ 서울 종로구 삼봉로 81 두산위브파빌리온 1131호
전화 _ 02)732-2403, 2404 **팩스** _ 02)739-7565
홈페이지 _ www.minjoksa.org
페이스북 _ www.facebook.com/minjoksa
이메일 _ minjoksabook@naver.com

ⓒ 월정사 2026

ISBN 979-11-6869-098-1 (04220)
ISBN 979-11-6869-095-0 (세트)